LA BRETAGNE

La Bretagne sur les pas de Chateaubriand, Le Braz, Queffelec...
appartient à la collection LES PLUS BELLES PAGES DE NOS PROVINCES,
une création de Sélection du Reader's Digest

Nous remercions tous ceux qui ont contribué
à la préparation et à la réalisation de cet ouvrage

Réalisation de l'ouvrage
BOOKMAKER

Coordination éditoriale
Patrick Michel-Dansac
assisté de Marie-Gabrielle Houriez

Rédaction des pages thématiques
Sylvie Deraime

Rédaction des légendes
Marie-Gabrielle Houriez

Création graphique et maquette
Irène de Moucheron

Iconographie
Valérie Delchambre

Cartographie
AGT - Action géographique et touristique

Conseiller de l'équipe éditoriale de SÉLECTION DU READER'S DIGEST
Philippe Fournier-Bourdier

Direction éditoriale
Gérard Chenuet

Responsable éditorial des collections illustrées
Rémy Coton-Pélagie

Lecture-correction
Catherine Decayeux

Fabrication
Marie-Pierre de Clinchamp

Prépresse
Damien Noirot

La sélection des textes figurant dans ce volume a été réalisée pour Sélection du Reader's Digest
par Philippe Fournier-Bourdier et publiée avec l'accord de l'éditeur.

Première édition, deuxième tirage

Site Internet : www.selectionclic.com

ISBN : 978-2-7098-1932-9

LES PLUS BELLES PAGES DE NOS PROVINCES

LA BRETAGNE

sur les pas de Chateaubriand,
Le Braz, Queffélec…

Sélection du Reader's Digest

Sommaire

La Bretagne à cœur ouvert

Nul mieux que les grands écrivains, conteurs, voyageurs ou romanciers n'a su décrire les facettes de l'âme profonde de la Bretagne. Cet ouvrage vous invite, en compagnie de vingt-sept belles plumes, à un voyage dans la Bretagne authentique.

« Il y a un visage de la Bretagne.

Il suffit de regarder une carte pour découvrir à la pointe extrême occidentale du continent eurasien cette gueule de Léviathan à langue trifide ouverte sur le large. On dirait quelque dinosaure d'ancien monde abandonné là par les anciens dieux.

Visage torturé, crevassé, déchiqueté par les sempiternelles convulsions des éléments. Terre enfoncée, défoncée et toujours jetée à l'assaut des déferlantes. Fin de terre, dit-on, mais plus encore commencement de monde. [...]

Aujourd'hui [...], nous assistons, pour ce qui est de la Bretagne, à une sorte de renaissance. Les villes, les villages, les bourgades sortent de leurs ceintures. Plus industrieux que jamais, les Bretons du troisième millénaire regardent vers l'avenir sans rien renier du passé. Tout se mêle harmonieusement des vieilles terres, des vieilles pierres et des matériaux de la modernité. Il n'y a pas de fossé entre le triste hier et le bel aujourd'hui. Tout se fond, se confond, dans des tonalités d'âme. Rien qui puisse choquer la raison ; rien qui dérange l'esprit.

Se sera-t-on assez gaussé de nos chemins creux ! Se sera-t-on assez moqué de nos « Toul », de nos « plou », de nos ploucs têtus de la lande à la friche ! Aura-t-on assez tourné en dérision des faits de civilisation, ridicules aux yeux de certains, à force d'être spécifiques ! Les rires ont tourné court et les rieurs sont morts. Il reste ici, pour ceux qui savent voir, un plaisir de vivre qui participe de l'éternelle fête que donnent les ciels de mer et la terre dans le ciel. Amour tenace et toujours tenu. Aucune rupture de la campagne au bord de la mer, mais un glissement harmonieux et soumis à l'esprit de l'homme qui s'enchante de pouvoir passer de tant de grâce modératrice à tant de forces agitées par les noroîts et les galernes. Les contrastes sont si peu gommés que le paysage, fort de son unité, semble se renouveler sans cesse, soit qu'il aille s'endiabler vers les dunes, se percher au haut des falaises ; soit qu'il fasse corps avec de vastes étendues agricoles, plus vastes aujourd'hui d'avoir vu disparaître quelque chose de la prenante poésie du bocage.
Ici, toujours, l'homme a dû lutter contre les éléments, les fées féroces et les dieux suicidaires. Il a pêché, il a chassé, il a défriché, essarté et s'est nourri de son quotidien travail. Des arbres de la forêt omniprésente, il en a fait des barques, des chaloupes, de rudes panses flottantes pour aller voir ce qu'il y a dans les îles et quelles îles plus lumineuses, plus mystérieuses aussi, se cachaient derrière les courreaux de Groix et le raz de Sein.

En dépit de remembrements et de démembrements démentiels, notre bonne vieille Armorique ne cède rien de son âme profonde. Ses transformations la laissent intacte. »

Charles Le Quintrec

La Croix, 16-17 août 2003

Bretagne, terre du bout du monde
p. 109
Bretagne, entre
p. 79
Bretagne, terre de légendes
p. 41
Bretagne,
en
Ploumanac'h
Trégastel-Plage
Perros-Guirec
Paimpol
Tréguier
LANNION
Île de Batz
Roscoff
Saint-Pol-de-Léon
Carantec
Île Vierge
Île Carne
Île d'Ouessant
Île Molène
Le Conquet
Pointe Saint-Mathieu
Aber-Wrach
Aber-Benoît
Aber-Ildut
BREST
Landerneau
Elorn
La Martyre
Plougastel-Daoulas
Sizun
Monts d'Arrée
MORLAIX
Plouaret
GUINGAMP
Trieux
29
22
Camaret-sur-Mer
Crozon
Carhaix-Plouguer
Aulne
CHÂTEAULIN
Île de Sein
Pointe du Raz
Douarnenez
Audierne
QUIMPER
Guémené-sur-Scorff
PONTIVY
Pont-l'Abbé
Bénodet
Concarneau
Quimperlé
Pont-Aven
Blavet
LORIENT
Îles de Glénan
Île de Groix
Auray
La Trinité-sur-Mer
Carnac
Quiberon
Île de Houat
Belle-Île
Île de Hoëdic

…erre et Manche
…e de Bréhat
Cap Fréhel
SAINT-MALO
Cancale
Le Mont-Saint-Michel
Dinard
Lamballe
DINAN
Dol-de-Bretagne
SAINT-BRIEUC
Rance
FOUGÈRES
Loudéac
…t de traditions
RENNES
Vitré
Forêt de Paimpont
35
Josselin
Ploërmel
Janzé
56
Vilaine
Aux portes de la Bretagne p. 11
Oust
REDON
VANNES
CHÂTEAUBRIANT
Golfe du Morbihan
Vilaine
Guémené-Penfao
…re terre et Océan
… 145
44
Grande Brière
Guérande
Erdre
Le Croisic
SAINT-NAZAIRE
Saint-Brévin-les-Pins
NANTES
Loire
Pornic
Île de Noirmoutier

Aux portes de la Bretagne

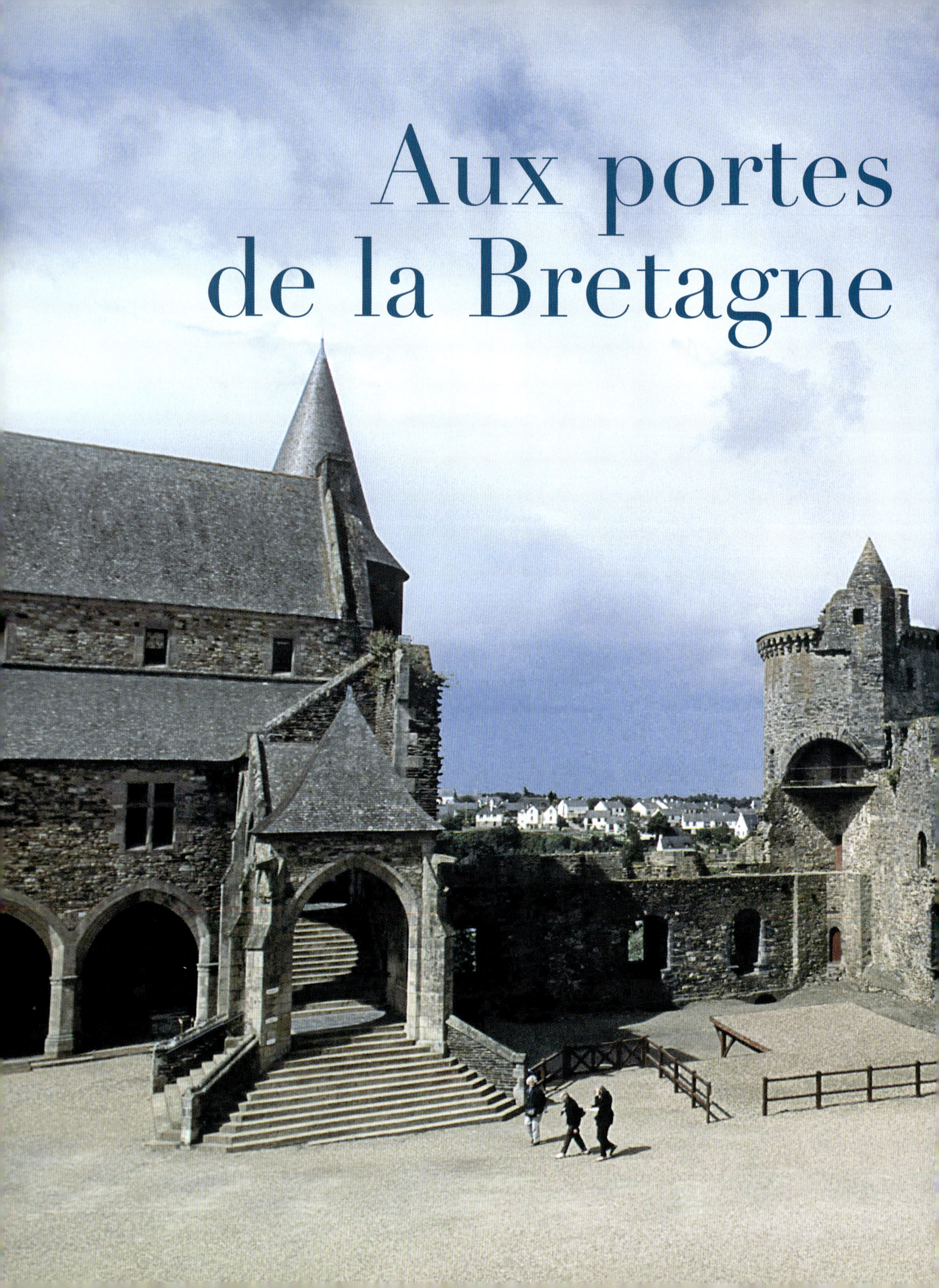

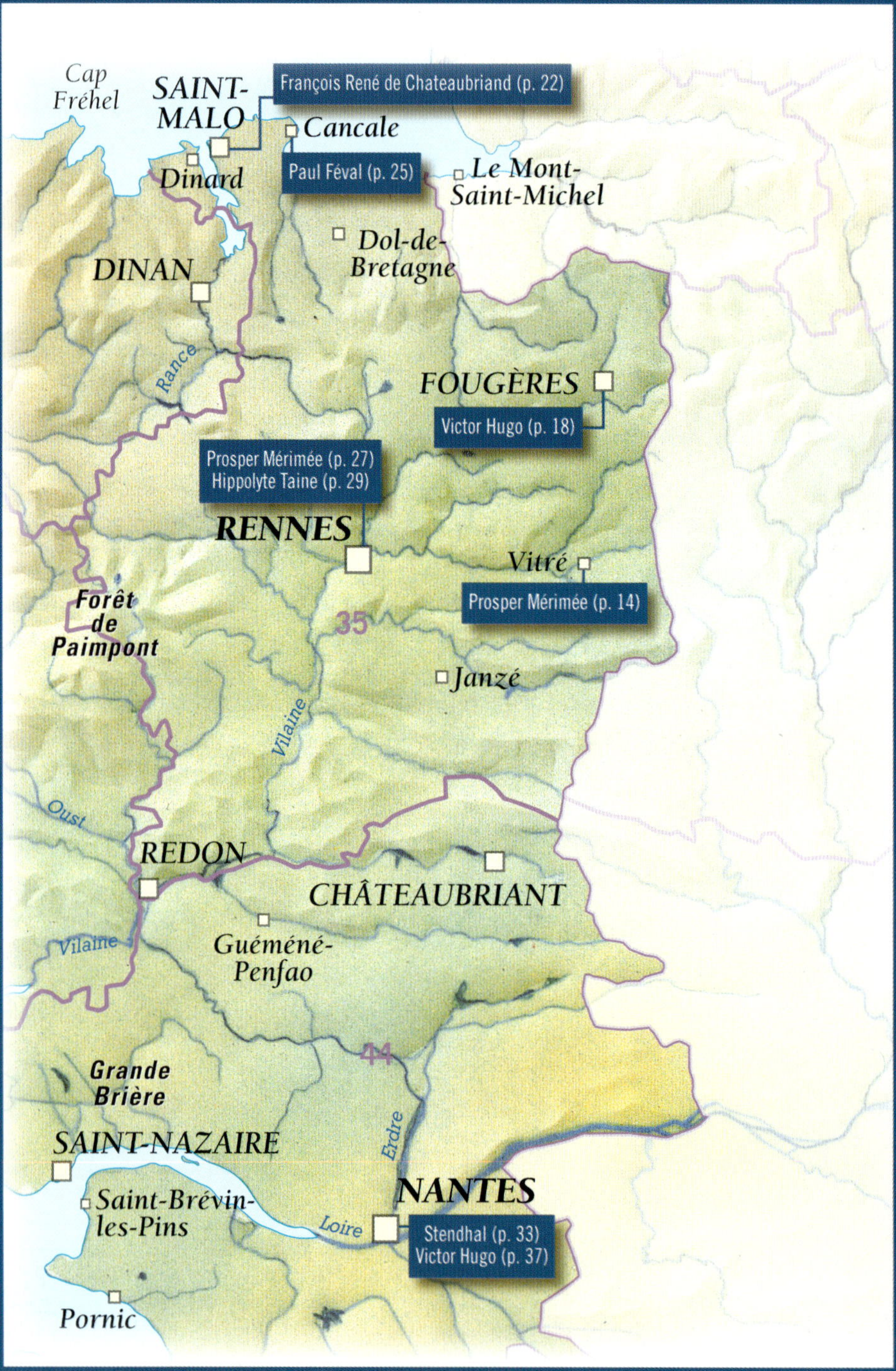
Cap Fréhel
SAINT-MALO
François René de Chateaubriand (p. 22)
Cancale
Paul Féval (p. 25)
Dinard
Le Mont-Saint-Michel
Dol-de-Bretagne
DINAN
Rance
FOUGÈRES
Victor Hugo (p. 18)
Prosper Mérimée (p. 27)
Hippolyte Taine (p. 29)
RENNES
Vitré
Prosper Mérimée (p. 14)
Forêt de Paimpont
35
Janzé
Vilaine
Oust
REDON
CHÂTEAUBRIANT
Vilaine
Guémené-Penfao
44
Grande Brière
SAINT-NAZAIRE
Erdre
NANTES
Saint-Brévin-les-Pins
Loire
Stendhal (p. 33)
Victor Hugo (p. 37)
Pornic

Quatre pays constituaient les portes de la Bretagne historique, le Pays rennais, le Pays nantais, le pays de Dol, le pays de Saint-Malo. C'est par Vitré que Mérimée pénètre en Bretagne pour dresser le premier état de la France monumentale. Il se rend ensuite à Rennes, qui disputa longtemps la suprématie de la région à Nantes, ville où séjournaient les ducs de Bretagne en leur château. Stendhal et Hugo vont à Nantes, Taine et Mérimée à Rennes. De leur voyage, ces écrivains laissent des carnets, des notes, des mémoires où ils consignent leurs impressions. D'autres, tel Chateaubriand, né à Saint-Malo, se souviennent de leur enfance passée au bord de l'Océan. C'est avec cet écrivain, d'ailleurs, qu'apparaît une littérature qui révèle la spécificité bretonne. D'origine bretonne lui aussi puisque né à Rennes, Féval distille dans plusieurs de ses romans l'atmosphère de la terre de son enfance.

Double page précédente
***Cour intérieure du château de Vitré**. Ce bâtiment, érigé sur un éperon rocheux, est l'un des grands témoignages de l'architecture militaire du Moyen Âge, avant l'apparition de l'artillerie.*

Vitré, une cité médiévale

Prosper Mérimée, 1803-1870

*Le 27 mai 1834, Prosper Mérimée est nommé par Thiers, alors ministre de l'Intérieur, inspecteur général des Monuments historiques. Il parcourt la province et dresse le premier état de la France monumentale. Après une tournée dans le midi de la France, Mérimée sillonne la Bretagne, du 28 juillet au 28 octobre 1835, et arrive à Vitré, ancienne baronnie de Bretagne, apanage au x*e *siècle d'une branche cadette des comtes de Rennes.*

L'aspect des rues de Vitré, comme celui des rues de Laval, donne l'idée d'une ville du Moyen Âge. J'y observe un grand nombre de maisons bâties en encorbellement, très anciennes en apparence ; mais bien peu se distinguent par quelque tentative de décoration. Les fortifications subsistent encore en grande partie ; ce sont d'épaisses et hautes murailles, précédées d'un large fossé, couronnées de mâchicoulis et flanquées de tours, rondes pour la plupart. À l'exception de deux bastions aux côtés de la porte qui mène à Laval, addition évidente et moderne, toute l'enceinte me paraît appartenir au xve siècle. Toutefois, l'appareil grossier de la partie inférieure des murailles, qui tranche fortement avec la régularité des assises de leur couronnement, peut faire supposer que Vitré a été fortifié à une époque plus reculée. Le château (il sert de caserne et de prison maintenant) formait autrefois une enceinte séparée, mais tangente à celle de la ville. C'était l'une des résidences des seigneurs de La Trémouille. Aujourd'hui il tombe en ruines. Ses défenses ne diffèrent en rien de celles de la ville ; mais on doit noter l'élégance de ses mâchicoulis, dont l'ouverture dessine une ogive trilobée. Il paraît avoir été considérablement réparé au XVIe siècle. De cette

***La rue de Baudrairie** (à gauche), avec ses vieilles maisons des xive, xve et xvie siècles, a toujours été très emblématique du vieux Vitré. À partir du xive siècle, les marchands vitréens pratiquent le négoce des « canevas », grosses toiles claires et à jour fort recherchées. Ils font alors édifier des maisons à pans de bois (dites aussi à colombages, à droite, au pied du château) et des hôtels particuliers au riche décor sculpté.*

La rue du Rachapt, *située alors dans les faubourgs de Vitré au début du XXe siècle.*

époque date une charmante construction, dont la destination n'est pas bien connue, isolée maintenant entre des ruines du Moyen Âge et une prison moderne qui n'est pas terminée. C'est une espèce de tourelle ou de tribune ronde, finissant en console avec un petit dôme au-dessus, et percée de fenêtres dont les chambranles sont malheureusement très détériorés. On ne peut sans l'avoir vue se faire une idée de la richesse de son ornementation. L'élégance des motifs, l'habileté de l'exécution ne laissent rien à désirer. Bien que ce joli monument porte le caractère de la Renaissance, on y reconnaît, comme à Solesmes, l'influence des souvenirs gothiques. Si les formes, les ornements particuliers à ce style ont disparu, la fantaisie, la division des parties, la variété et le goût des petits détails, ses caractères à l'époque de sa décadence, se trouvent ici, traduits pour ainsi dire dans une langue nouvelle, qui ne sait point encore inventer de tournures qui lui soient propres. Autour de la console on lit ces mots : POST TENEBRAS SPERO LVCEM[1]. À l'époque de cette construction, la famille de La Trémouille appartenait sans doute à la religion réformée, et cette devise a pu faire croire que la tribune a servi de chaire à prêcher.

Non loin de là, et dans l'enceinte du même château, un pan de muraille tombant en ruines a particulièrement attiré mon attention. On y remarque une grande arcade en plein cintre, bouchée aujourd'hui, flanquée de deux autres plus petites. Il y a apparence que c'était la façade d'une église ou d'une chapelle, probablement antérieure à la construction du château. Deux archivoltes en retraite l'une sur l'autre entourent l'arcade principale, n'ayant pour tout ornement que des claveaux alternativement de granit gris et de schiste noir, qui forment une opposition de couleur bien tranchée. Ce mélange de matériaux de teintes différentes combinées à dessein, et la forme cintrée des arcades, peut les faire considérer comme les restes de quelque monument du XIIe siècle, ou peut-être même plus ancien. J'observe cependant sous l'arcade principale une plate-bande composée elle-même de claveaux de granit et de schiste. N'ayant jamais vu de plates-bandes évidemment bysantines que d'une seule pièce, j'avoue que la présence de celle-ci me surprend un peu, et je serais tenté

1. Après les ténèbres, j'espère la lumière (Job XVII-12).

Lavandières *sur le bord de la Vilaine. En 1989, ce lieu est devenu un jardin : le pré des Lavandières.*

La chaire à prêcher *extérieure de l'église Notre-Dame, édifiée au* XV*e siècle dans un gothique flamboyant, est une « singularité très rare » pour Mérimée.*

de la prendre pour une restauration du XVe ou XVIe siècle. Aucune tradition locale ne se rapporte à cette ruine intéressante, encombrée aujourd'hui de gravois et d'immondices.

L'église de Notre-Dame, dans la ville haute, indique par son architecture la décadence complète de l'art gothique. Pauvre et mesquine d'ornementation, on y chercherait en vain quelque détail gracieux. Sa façade latérale se compose de quatre frontons garnis de crochets ; on dirait quatre maisons accolées l'une à l'autre. Ce système me paraît peu rationnel ; au lieu de donner l'idée d'un grand bâtiment, il le rapetisse en le divisant en plusieurs parties indépendantes. – Il faut citer comme une singularité très rare une chaire à prêcher en pierre, pratiquée extérieurement sur le côté méridional de l'église. Les sermons en plein air ayant été défendus de bonne heure, parce que dans la rue on ne pouvait exiger de l'auditoire un maintien aussi décent que dans l'intérieur d'une église, je ne me serais pas attendu à trouver un vestige de cet usage dans un édifice aussi moderne que Notre-Dame de Vitré.

Prosper Mérimée, *Notes d'un voyage dans l'ouest de la France*, Paris, Hachette, 1836. *Notes de voyages* rassemblées par P.-M. Auzas, Paris, Hachette, 1971 ; rééd. Paris, Adam Biro, 1989.

« Je veux absolument que vous voyiez Fougères »

Victor Hugo, 1802-1885

La visite émerveillée des côtes bretonnes que fait Hugo, au cours des étés de 1834, 1835 et 1836, fait l'objet d'une abondante correspondance. En compagnie de Juliette Drouet, née à Fougères, il effectue son troisième voyage en Bretagne. Il trouve Fougères belle – bien que sale –, comme une dizaine de villes bretonnes.

Une ville qu'il faut aussi que vous voyiez, et que vous voyiez avec moi, c'est Fougères.

[…] Toute cette Bretagne, au reste, vaut la peine d'être vue. Quelquefois dans une petite bourgade, comme Lassay, par exemple, vous trouvez tout à coup trois admirables châteaux dans le même tas. Pauvre Bretagne ! qui a tout gardé, ses monuments et ses habitants, sa poésie et sa saleté, sa vieille couleur et sa vieille crasse par-dessus. Lavez les édifices, ils sont superbes ; quant aux Bretons, je vous défie de les laver. Souvent, dans un de ces beaux paysages de bruyères, sous des ormes qui se renversent lascivement, sous de grands chênes qui portent leurs immenses feuillages à bras tendu, dans un champ de genêts en fleurs du milieu duquel s'envole à votre passage un énorme corbeau verni qui reluit au soleil, vous avisez une charmante chaumière qui fume gaiement à travers le lierre et les rosiers ; vous admirez, vous entrez. Hélas ! mon pauvre Louis, cette chaumière dorée est un affreux bouge breton où les cochons couchent pêle-mêle avec les Bretons. Il faut avouer que les cochons sont bien sales.

Je reviens à Fougères. Je veux absolument que vous voyiez Fougères. Figurez-vous une cuiller ; grâce encore pour ce commencement absurde. La cuiller, c'est le château ; le manche, c'est la ville. Sur le château rongé de verdure, mettez sept tours, toutes diverses de forme, de hauteur et d'époque ; sur le manche de ma cuiller entassez une complication inextricable de tours, de tourelles, de vieux murs féodaux chargés de vieilles chaumières, pignons dentelés, de toits aigus, de croisées de pierre, de balcons à jour, de mâchicoulis, de jardins en terrasses ; attachez ce château à cette ville et posez le tout en pente et de travers dans une des plus vertes et des plus profondes vallées qu'il y ait. Coupez le tout avec les eaux vives et étroites du Couasnon sur lequel jappent nuit et jour quatre ou cinq moulins à eau. Faites fumer les toits, chanter les filles, crier les enfants, éclater les enclumes ; vous avez Fougères ; qu'en dites-vous ?

C'est comme cela que vous la verrez quelque jour avec moi du haut de la plate-forme de l'église ; et puis vous la peindrez, mon Louis, et la copie sera plus belle que l'original.

Eh bien ! il y a dix villes comme cela en Bretagne, Vitré, Sainte-Suzanne, Mayenne, Dinan, Lamballe, etc. ; et quand vous dites aux stupides bourgeois, qui sont les punaises de ces magnifiques logis, quand vous leur dites que leur ville est belle, charmante, admirable, ils ouvrent d'énormes yeux bêtes et vous prennent pour un fou. Le fait est que les Bretons ne comprennent rien à la Bretagne. Quelle perle et quels pourceaux !

Victor Hugo, *Voyages en Bretagne et en Normandie*, in *Dossier biographique*, tome V, *Œuvres complètes*, Paris, Club français du livre, 1967.

***Au premier plan, le quartier Saint-Sulpice** de Fougères et au lointain l'église Saint-Léonard, fondée au XIIe siècle, reconstruite aux XVe et XVIe, puis agrandie au XIXe siècle.*

« Pour le parlement de Bretagne, durant l'année mil neuf cent quatre-vingt-quatorze,
De nombreuses personnes ruinées vinrent dans notre capitale.
Au centre de Rennes, étaient venus, par besoin, des pêcheurs du Finistère,
Qui allaient perdre la raison face à la loi étrangère. [...]
Quand notre parlement sera reconstruit, il sera temps de donner un nom à son assemblée.
Autour du parlement, grande est la révolte du Pays ! »

« Pa 'vo savet hor Breujou poent 'vo gervel d'en emvod.
E kichen ar Parlamant dael meur ar Vro !
D'enebin ken ne zeuio met d'o zraou d'ober wardro
An istor 'ray ar bobl am'n e dael ar Vro. »

Extrait de *Parlamant Lament*, chanson d'Alan Stivel, album *Brian Boru*, Keltia Musique, 1995.

La chambre des appels correctionnels *vers 1900 (en haut). Épargnée lors de l'incendie de 1994 (en bas), elle est aujourd'hui la salle de réunion 102 du parlement de Bretagne. Les plafonds et les boiseries datent du XVIIe siècle.Le plafond, qui représente le triomphe de la Vérité et de la Justice, a été peint par Jobbé-Duval en 1868.*

LE PARLEMENT DE BRETAGNE

deux fois sauvé des flammes

Cette nuit du 4 au 5 février 1994, le parlement de Bretagne brûle. L'incendie a sans doute pour origine les fusées lancées par des marins-pêcheurs qui manifestent dans les rues de Rennes pour protester contre les décisions d'une Commission européenne perçue comme lointaine et quelque peu despotique.

Le feu, après avoir dévoré l'extraordinaire charpente à chevrons portant fermes assemblée par les maîtres charpentiers du XVIIe siècle, s'est rapidement propagé. Au petit matin, les deux tiers de l'édifice ont été détruits. Une grande partie des tableaux, dus à quelques-uns des maîtres français du XVIIIe siècle, a pu être sauvée, mais le berceau en bois qui couvrait la salle des Pas-Perdus est parti en fumée ; les boiseries de la salle des Assises, les décors des élèves de Charles Errard dans le cabinet du premier président sont gravement endommagés.

Le miracle qui avait épargné le parlement de Bretagne en 1720 n'a pas eu lieu une seconde fois. L'incendie, parti de l'atelier d'un menuisier, avait alors gagné le centre de Rennes, se riant des rues étroites pour réduire en cendres les maisons en torchis à pans de bois. L'imposant bâtiment, qui abritait depuis 1655 la cour souveraine du parlement de Bretagne, n'avait cédé aux flammes qu'une partie de sa toiture.

À son inauguration, c'était le premier édifice civil en pierre dans une ville en bois, encore médiévale. Germain Gaultier, architecte de la ville, et Salomon de Brosse, architecte de la cour de France, l'avaient voulu en granit et en tuffeau. Après l'incendie de 1720, les maisons détruites seraient elles aussi reconstruites en granit et en tuffeau.

Le chantier du parlement avait introduit en pays breton l'art royal, et parisien, du XVIIe siècle ; la reconstruction de Rennes se ferait selon les critères d'esthétique, de sécurité et d'hygiène du Paris du XVIIIe siècle. Les larges rues droites bordées de façades à l'élégance austère convergeaient dès lors vers la nouvelle place du parlement de Bretagne, dont les magistrats, nobles pour la plupart, dominaient la vie locale et provinciale, et défendaient farouchement les droits et franchises de la Bretagne contre le pouvoir absolutiste du roi de France.

Après la suppression du parlement de Bretagne en 1790, le bâtiment hébergea à partir de 1804 la cour d'appel ayant autorité sur les cinq départements bretons créés par la Révolution. En 1999, les magistrats ont de nouveau siégé dans la Grand-Salle dont le plafond à caissons a retrouvé tout son lustre, comme l'ensemble de l'édifice. Une association y organise visites, concerts, expositions et rencontres afin de faire partager l'histoire et la richesse patrimoniale de ce lieu emblématique.

En 1994, les flammes ravagent le parlement *de Bretagne, un bâtiment qui porte la mémoire de la résistance des Bretons au pouvoir du roi après l'annexion de l'État de Bretagne par la France en 1532.*

Enfance à Saint-Malo

François René de Chateaubriand, 1768-1848

Chateaubriand naît le 4 septembre 1768 à Saint-Malo. « J'étais presque mort quand je vins au jour. Le mugissement des vagues, soulevées par une bourrasque annonçant l'équinoxe d'automne, empêchait d'entendre mes cris… » Il passe une partie de son enfance dans cette ville, non loin de cet océan qu'il franchira en 1791 pour gagner l'Amérique et qui lui inspire des pages splendides.

***Premiers bains de mer** dans la « mare aux canards », bassin de Saint-Malo où l'on carénait les terre-neuvas dans les années 1900.*

Saint-Malo n'est qu'un rocher. S'élevant autrefois au milieu d'un marais salant, il devint une île par l'irruption de la mer qui, en 709, creusa le golfe et mit le mont Saint-Michel au milieu des flots. Aujourd'hui, le rocher de Saint-Malo ne tient à la terre ferme que par une chaussée appelée poétiquement le Sillon. Le Sillon est assailli d'un côté par la pleine mer, de l'autre est lavé par le flux qui tourne pour entrer dans le port. Une tempête le détruisit presque entièrement en 1730. Pendant les heures de reflux, le port reste à sec, et à la bordure est et nord de la mer, se découvre une grève du plus beau sable. On peut faire alors le tour de mon nid paternel. Auprès et au loin, sont semés des rochers, des forts, des îlots inhabités; le Fort-Royal, la Conchée, Cézembre et le Grand Bé, où sera mon tombeau; j'avais bien choisi sans le savoir: *be*, en breton, signifie tombe.

Au bout du Sillon, planté d'un calvaire, on trouve une butte de sable au bord de la grande mer. Cette butte s'appelle la Hoguette; elle est surmontée d'un vieux gibet: les piliers nous servaient à jouer aux quatre coins; nous les disputions aux oiseaux de rivage. Ce n'était cependant pas sans une sorte de terreur que nous nous arrêtions dans ce lieu. […]

Saint-Malo fournissait les meilleurs matelots de notre marine; on peut en voir le rôle général dans le volume in-fol, publié en 1682, sous ce titre: *Rôle général des officiers, mariniers et matelots de Saint-Malo.* Il y a une *Coutume de Saint-Malo,* imprimée dans le recueil du

Coutumier général. Les archives de la ville sont assez riches en chartes utiles à l'histoire et au droit maritime.

Saint-Malo est la patrie de Jacques Cartier, le Christophe Colomb de la France, qui découvrit le Canada. Les Malouins ont encore signalé à l'autre extrémité de l'Amérique les îles qui portent leur nom : *les îles Malouines.*

Saint-Malo est la ville natale de Duguay-Trouin, l'un des plus grands hommes de mer qui aient paru ; et de nos jours elle a donné à la France Surcouf. Le célèbre Mahé de La Bourdonnais, gouverneur de l'Île-de-France, naquit à Saint-Malo, de même que Lamettrie, Maupertuis, l'abbé Trublet, dont Voltaire a ri : tout cela n'est pas trop mal pour une enceinte qui n'égale pas celle du jardin des Tuileries.

L'abbé de Lamennais a laissé loin derrière lui ces petites illustrations littéraires de ma patrie. Broussais est également né à Saint-Malo, ainsi que mon noble ami, le comte de La Ferronnays. [...]

Enclos de murs de diverses époques qui se divisent en *grands* et *petits,* et sur lesquels on se promène, Saint-Malo est encore défendu par le château dont j'ai parlé, et qu'augmenta de tours, de bastions et de fossés, la duchesse Anne. Vue du dehors, la cité insulaire ressemble à une citadelle de granit.

C'est sur la grève de la pleine mer, entre le château et le Fort-Royal, que se rassemblent les enfants ; c'est là que j'ai été élevé, compagnon des flots et des vents. Un des premiers plaisirs que j'aie goûtés était de lutter contre les orages, de me jouer avec les vagues qui se retiraient devant moi, ou couraient après moi sur la rive. Un autre divertissement était de construire, avec l'arène de la plage, des monuments que mes camarades appelaient des *fours.* Depuis cette époque, j'ai souvent cru bâtir pour l'éternité des châteaux plus vite écroulés que mes palais de sable.

Mon sort étant irrévocablement fixé, on me livra à une enfance oisive. Quelques notions de dessin, de langue anglaise, d'hydrographie et de mathématiques, parurent plus que suffisantes à l'éducation d'un garçonnet destiné d'avance à la rude vie d'un marin.

***Vue de Saint-Malo**, cette « couronne de pierre posée sur les flots » (Gustave Flaubert). Les remparts de Vauban présentent la spécificité d'être posés sur le rocher qui supporte la ville intra-muros et ne tiennent que par le poids des pierres empilées.*

__Le fort de la Conchée__, fierté de Vauban, et, au second plan, l'île de Cézembre, qui fut au temps des corsaires un lazaret et un entrepôt de marchandises douteuses.

__La porte des Beys__ a été percée en 1884 dans la tour Notre-Dame, construite au XIVe siècle et aussi appelée tour Bez ou Berp.

Je croissais sans étude dans ma famille ; nous n'habitions plus la maison où j'étais né : ma mère occupait un hôtel, place Saint-Vincent, presque en face de la porte de la ville qui communique au Sillon. Les polissons de la ville étaient devenus mes plus chers amis : j'en remplissais la tour et les escaliers de la maison. Je leur ressemblais en tout ; je parlais leur langage : j'avais leur façon et leur allure ; j'étais vêtu comme eux, déboutonné et débraillé comme eux ; mes chemises tombaient en loques ; je n'avais jamais une paire de bas qui ne fût largement trouée ; je traînais de méchants souliers éculés, qui sortaient à chaque pas de mes pieds ; je perdais souvent mon chapeau et quelquefois mon habit. J'avais le visage barbouillé, égratigné, meurtri, les mains noires. Ma figure était si étrange que ma mère, au milieu de sa colère, ne se pouvait empêcher de rire et de s'écrier : « Qu'il est laid ! »

François René de Chateaubriand, *Mémoires d'outre-tombe*, livre Ier, éd. de J.-C. Berchet, Paris, Classiques Garnier, 1989.

La mer monte dans la baie de Cancale

Paul Féval, 1817-1887

Né à Rennes, Paul Féval n'oublie pas ses origines. Ses romans du cycle breton, le Loup blanc *ou* la Forêt de Rennes, *sont imprégnés de légendes populaires et de folklore. Dans* la Fée des grèves, *roman historique médiéval, la baie du Mont-Saint-Michel est un protagoniste dangereux et traître, tel ce redoutable élément mobile qu'est la mer, dont les marées mettent à nu les sables mouvants de la baie.*

On a dit souvent que, dans les grèves de la baie de Cancale, la mer monte avec la vitesse d'un cheval au galop. Ceci mérite explication.

Si l'on a voulu dire que la marée, partant des basses eaux, gagnait avec la rapidité d'un cheval qui galope, on s'est assurément trompé.

Si l'on a voulu dire, au contraire, qu'un cheval, partant du bas de l'eau en grande marée, aurait besoin de prendre le galop pour n'être point submergé, on n'a avancé que l'exacte vérité.

Cela tient à ce que la grève, plate en apparence, a, comme nous l'avons déjà dit, des rides – des *plans,* suivant le langage des sculpteurs –, des endroits où la tangue cède d'une manière presque insensible, mais suffisante pour attirer le flot, justement à cause de l'absence de pente générale.

Ces défauts de la grève forment, quand la mer monte, des espèces de rivières sinueuses qui s'emplissent tout d'abord et qu'il est très difficile d'apercevoir dès la tombée de la brume, parce que ces rivières n'ont point de bords.

L'eau qui se trouve là ne fait que combler les défauts de la grève.

De telle sorte qu'on peut courir, bien loin devant le flot, sur une surface sèche et être déjà condamné. Car la mer invisible s'est épanchée sans bruit dans quelque canal circulaire, et l'on est dans une île qui va disparaître à son tour sous les eaux.

C'est là un des principaux dangers des lises ou sables mouvants que détrempent les lacs souterrains.

À vue d'œil, la mer monte, au contraire, avec une certaine lenteur, égale et patiente, excepté dans les grandes marées.

Cela ne ressemble en rien au flux fougueux et bruyant qui a lieu sur les côtes.

Pour peindre la grande mer et sa fureur, un

***Les régates** des fameuses bisquines connurent leur âge d'or entre 1895 et 1914. Les courses se déroulaient l'été, et Cancale et Grandville se livraient une compétition acharnée.*

***Une bisquine** mouille dans la baie de Cancale. Ce bateau de travail traditionnel était réputé pour sa rapidité en régate.*

***Au début du xx**e **siècle**, Cancale se partageait en deux : d'un côté, le bourg où vécurent les commerçants et les armateurs jusqu'à la grande grève des terre-neuvas en 1911 ; de l'autre, le port de la Houle, qui côtoyait les parcs à huîtres employant une main-d'œuvre surtout féminine.*

peintre ne choisira certes jamais les alentours du Mont-Saint-Michel.

Mais qu'importe le mouvement, le fracas, la colère ? Les gens qui frappent froidement et en silence tuent tout aussi bien et mieux que si la rage les emportait.

Le mouvement désordonné, le fracas, les menaces, en un mot, sont des avertissements, tandis que la tranquillité attire et trompe.

Plus d'un parmi ceux qui sont morts sous les sables a dû sourire en voyant la mer monter entre Avranches et le Mont. Pourquoi prendre garde à ce lac bénin qui s'enfle peu à peu et qui vient vous caresser les pieds si doucement.

Ce lac bénin a de longs bras qu'il étend et referme derrière vous. Prenez garde !

Paul Féval, *la Fée des grèves*, Paris, Dentu, 1860.

Rennes, une ville presque totalement reconstruite

Prosper Mérimée, 1803-1870

Après avoir commencé sa tournée d'inspection en Bretagne par Vitré, Mérimée se trouve à Rennes les 20 et 21 août 1835, ville qu'il néglige quelque peu pour le « mauvais goût » de ses édifices. Il fait toutefois une exception pour le palais de justice, épargné par le grand incendie de 1720 et « décoré avec beaucoup de richesse ».

Il n'existe pas, je crois, une seule ville en France qui ne soit plus riche en antiquités. En 1720 Rennes a été détruite en grande partie par un incendie, d'où est résultée la reconstruction presque totale de la ville, et aujourd'hui il n'y a guère de bâtiment considérable qui ne soit postérieur à cette catastrophe. La manière, le mauvais goût du XVIIIe siècle déparent presque tous les édifices publics, qui d'ailleurs, construits en granit, offrent une teinte grise, uniforme, à laquelle mes yeux ont de la peine à s'habituer. Il faut cependant reconnaître dans quelques-uns un caractère de grandeur. L'intérieur de la cathédrale moderne, par exemple, mérite des éloges. Je citerai ensuite le palais de justice, l'ancien palais du parlement de Bretagne, décoré avec beaucoup de richesse. Sans doute, dans ces vastes salles, on peut critiquer les formes tourmentées, l'ornementation lourde, l'abus des dorures ; mais il faut convenir que l'effet général est satisfaisant. En y entrant on se sent dans un palais, et c'est un mérite assez rare, ce me semble, que d'approprier un édifice à sa destination.

Quelques pans de murailles très anciennes, tombant en ruines, une porte de ville en ogive, sans ornements, construite en partie de matériaux antiques, comme le prouve une des pierres portant une inscription romaine, une portion du château qui sert de prison, enfin quelques parties d'églises, voilà, je crois, tout ce que l'on peut découvrir à Rennes, qui soit antérieur au XVe siècle.

***Reconstruites vers 1440**, les portes Mordelaises étaient la principale entrée de la ville, qui en comptait dix. Avant de se faire couronner à la cathédrale Saint-Pierre, les ducs de Bretagne les franchissaient après avoir prêté serment de défendre l'indépendance de la Bretagne et de préserver les droits royaux du duché.*

À Saint-Melaine, l'ancienne cathédrale, on voit un porche orné de colonnes engagées qui m'ont paru du XIIe siècle. Leurs chapiteaux ont été couverts de plâtre, pour ménager, m'a-t-on dit, la pudeur des fidèles. Ce porche offre, je crois, le seul exemple du style roman que l'on puisse trouver à Rennes. Quant au reste de l'église, c'est une restauration du XVIe et surtout du XVIIe siècle, absolument sans intérêt. Pour

*« **Sur l'bord de la rivière**, y'avait dix lavandières Elles tapent du pied et puis s'en vont V'là comme les lavandières elles font. » Peut-être ces lavandières du pont Saint-Martin à Rennes entonnaient-elles ce chant pour se donner du courage…*

terminer la liste des églises de Rennes qui ont conservé quelques souvenirs de l'architecture du Moyen Âge, je citerai Saint-Yves, aujourd'hui l'église de l'hôpital, de la fin du XVe ou des premières années du XVIe siècle. À l'extérieur on remarque d'assez jolis clochetons et des dais, qu'on ne pourrait cependant comparer pour le goût et la finesse de l'exécution avec les mêmes détails du même temps, tels qu'on les voit en Normandie ou dans le centre de la France. La nef de Saint-Yves n'a qu'un plafond de bois, reposant sur deux longues poutres assez grossièrement sculptées. Parmi des monstres, des caricatures, cent fantaisies bizarres, on distingue un marmouset tournant le dos, pour ne pas dire plus, à l'autel. Quelles gens étaient donc les sculpteurs pour qu'on leur permît de semblables impertinences ?…

Prosper Mérimée, *Notes d'un voyage dans l'ouest de la France*, Paris, Hachette, 1836. *Notes de voyages* rassemblées par P.-M. Auzas, Paris, Hachette, 1971 ; rééd. Paris, Adam Biro, 1989.

Rennes, rien que pour le goût

Hippolyte Taine, 1828-1893

Hippolyte Taine, examinateur au concours d'admission à l'École militaire de Saint-Cyr, parcourt la France pour auditionner les candidats. Issus de ces pérégrinations, les Carnets de voyage, notes sur la province *constituent un reportage saisissant sur la vie provinciale sous le second Empire. On retrouve dans cette description de Rennes l'influence du courant naturaliste de l'époque.*

Belles grandes rues monumentales au centre, pavés et trottoirs en granit ; mais rien pour le goût. La ville a été brûlée au XVIIIe siècle ; la cathédrale, à colonnes superposées en consoles, n'a rien d'intéressant au-dehors, et au-dedans elle est toute blanche et plate ; c'est le plus vilain édifice que j'aie vu.

Çà et là, hors des grandes rues et dans les faubourgs, subsiste le pavé pointu, exécrable, qui blesse les pieds ; ce sont des pierres de toutes formes serrées au hasard. Les maisons sont misérables ; on sent là le reste du Moyen Âge. Elles sont bâties en bois et mortier : demi-ventrues et bossues, protégées par une espèce de cuirasse lézardée en vieilles ardoises ébréchées, salies, branlantes. Impossible d'énumérer les formes ; c'est le pêle-mêle le plus bizarre ; quelques-unes ont une sorte de chapeau pointu comme au XVe siècle ; d'autres se dressent en tourelles, d'autres sont courtes et écrasées ; elles se présentent de face, de flanc, de toutes façons. Partout la petite fenêtre à guillotine, à petits carreaux sales ; pour s'abriter de la pluie, les plus hautes ont une sorte de paravent en ardoises qui avance, soutenu par deux poutres. On aperçoit des escaliers vermoulus, obscurs, d'où sortent de mauvaises odeurs ; par la pluie et sous les grands nuages, cela fournirait des motifs à un peintre.

Quelques traces de piété lourde et de recrudescence catholique ; une énorme croix de bronze portée sur une boule dorée, avec un gros piédestal de granit, élevée en 1817 ; un mandement emphatique sur la dégénérescence des caractères et la noblesse du Breton ; ces gémissements d'évêque qui foudroie la civilisation moderne, finissent par la permission de manger des œufs.

Foi profonde, attention, recueillement extrême dans les gens agenouillés ; des femmes se confessent ; parmi elles, une espèce de cloporte, à genoux, égrène son chapelet. Il y avait une paysanne prosternée devant cette grosse croix, sur la place. – Pays catholique, non pas machinalement, mais avec passion. Je suis allé

***Maisons à pans de bois** colorées du XVIIe sur la place du Champ-Jaquet. En bas à gauche, la statue d'une figure rennaise, Jean Leperdit. Maire de février 1794 à octobre 1795, il sauva de la guillotine de nombreux Rennais.*

aujourd'hui à la sortie de la messe et des vêpres et j'ai regardé les figures : de vieux paysans, à genoux sur le pavé, un chapelet entre les mains, comptant les grains, le corps penché en avant dans la position la plus incommode, sont comme absorbés. Les yeux ne remuent pas ; il n'y a pas un mouvement dans un seul des plis de la figure. – Beaucoup de femmes, des servantes, des filles de la campagne : une ou deux religieuses. Les figures et les expressions ressemblent à celles des saints du Moyen Âge, dans leur niche de cathédrale. Rien de véhément, d'ardent ; seulement, ils ont l'air pris tout entiers ; c'est la plénitude de la croyance et de l'attente, comme si on les menait chez l'Empereur, aux Tuileries, parmi les dorures, et qu'un chambellan leur ait dit : « À genoux et ne bougez pas. » – La religion ainsi entendue est-elle autre chose qu'une crainte plus forte ? L'idée de la justice absolue entre-t-elle dans ces esprits-là ?

Près du Thabor, grande chapelle ; la Vierge est sur l'autel avec l'Enfant Jésus, tous deux couronnés ; elle est vraiment la reine et la déesse. Parfois il semble que le catholicisme

À la fin du XIXe siècle, *le costume se déploie avec une diversité sociale et locale infinie. La coiffe, qui met en valeur le visage de la femme, est l'élément le plus individualisé du costume, variant de village en village, et parfois de hameau en hameau (on en dénombre 3 000 variétés).*

En haut, le marché *de la place des Lices avec ses halles. Il est aujourd'hui le troisième marché de France.*

soit un polythéisme retourné, dans lequel, au lieu d'êtres forts, on adore des êtres malheureux et tendres.

Peu à peu le type se dégage ; il y en a un, visible surtout chez les paysannes, les petites filles, les jeunes filles au marché. Point de beauté régulière, de santé ni de belles pousses ; quelque chose de grêle, de souffreteux, de pâlot, d'un peu écrasé. – Mais dans plusieurs jeunes filles, cela produit des expressions admirables. La virginité parfaite, celle des sens et de l'âme, une sensibilité exquise, une délicatesse charmante, prête à souffrir par son trop-plein, une suavité étrange. On pense à ce mot indien : « Ne frappez pas une femme, fût-ce avec une fleur. » La beauté est en dedans, l'âme semble refoulée, résignée, toute frêle, d'une douceur infinie. J'ai vu une fiancée avec son promis et sa famille, le premier jour, en montant au parc. Un bonnet à tuyaux avec des ailes raides, blanches et brodées, comme un reste des coiffures du XVe siècle ; une jupe brune ; la taille d'un seul bloc, non amincie aux hanches, comme dans les statues du XIIIe siècle ; un petit châle violet, dont la couleur s'harmonise avec le reste ; des bas noirs. La figure est un peu courte, mais les yeux gris ont un tel charme de candeur profonde ! Ce n'est pas la simple candeur allemande et anglaise ; la femme n'est pas haute, fraîche, riche en couleurs, pétrie de lait ; au contraire elle est petite, les bras et le cou sont trop maigres. Certainement les héroïnes si pures de l'ancienne chevalerie bretonne, l'amour mystique des romans du Saint-Graal, Percival, Élaine, Yolande, Géraint, viennent de là. Renan a bien parlé de cette sensibilité délicate et souffrante des races celtiques.

Par compensation, le soldat qui me mène à la caserne me dit que nul pays n'a les mœurs plus faciles. « Le jour, elles ne vous regardent pas, mais le soir il n'y a qu'à parler. » De même la fin des romans bretons et toute la Bretagne du Moyen Âge : « Tel prêtre avait dix femmes et même davantage. » – De plus, six ivrognes donnaient à même sur les marches de l'église. Ils boivent quatre litres de cidre, puis de l'eau-de-vie. – En outre, saleté, puanteur, pauvreté de tous les quartiers extérieurs ; c'est depuis six ans seulement qu'on y bâtit des maisons propres. Plusieurs endroits m'ont rappelé la juiverie de Francfort. Tout est sale ici, même l'hôtel qui est le premier de la ville et fort cher. La cour est commune avec un autre hôtel où aboutissent les messageries ; tapage, mendiants, etc. Celui-ci est un reste de vieil hôtel bourgeois avec de hautes chambres, de vieux meubles achetés aux ventes, des papiers déchirés et partout les mauvaises odeurs. Quelle différence avec Douai !

Hippolyte Taine, *Carnets de voyage, Notes sur la province*, 1863-1865, Paris, Hachette, 1897.

Nantes, une grande ville

Stendhal, 1783-1842

En congé pour trois ans de son poste de consul de France à Civitavecchia, Stendhal parcourt la France. De ce périple, il tire la matière des Mémoires d'un touriste, *qui paraissent en 1838. Le 25 juin 1837, il arrive à Nantes en bateau à vapeur: « J'ai été un des premiers à passer la planche qui m'a mis sur le pavé de Nantes. Je n'avais pas fait vingt pas à la suite de l'homme qui portait ma valise, que j'ai reconnu une grande ville. »*

L'hôtel de la préfecture, bâti en 1777, a deux façades d'ordre ionique, qui dans le pays passent pour belles; l'une d'elles donne sur la vallée de l'Erdre et m'avait déjà déplu le lendemain de mon arrivée. La colonnade de la Bourse, construite, ce me semble, sous le ministère de M. Crétet (un de ces grands travailleurs employés par Napoléon), se compose de dix colonnes ioniques, qui supportent un entablement couronné par dix mauvaises statues. La façade opposée offre un prétendu portique d'ordre dorique et aussi quatre statues pitoyables.

La salle de spectacle a un péristyle de huit colonnes d'ordre corinthien, qui, comme celles de la Bourse et de la préfecture, manquent tout à fait de *style*. Ces huit colonnes sont couronnées par huit pauvres statues représentant les muses; laquelle a eu le bonheur d'être oubliée? Le véritable caractère de l'architecture de Louis XV, c'est de faire des colonnes qui ne soient que des poteaux.

Il m'a fallu voir le muséum d'Histoire naturelle, l'hôtel des Monnaies, la Halle au blé, la Halle aux toiles, la maison du chapitre; du moins le balcon de celle-ci est-il décoré de

***Le 21 août 1851**, le train arrive à Nantes, qui n'est plus qu'à treize heures de Paris. Auparavant, il fallait compter quatre jours de voiture à cheval pour s'y rendre…*

L'architecte Mathurin Crucy *conçut les plans de la place Royale (ci-contre en 1900 et ci-dessous de nos jours) en 1790 en enterrant l'ancienne cité médiévale. Cette place fut bombardée en 1943 et reconstruite à l'identique. La fontaine, réalisée en 1865 par le sculpteur Du Commun de Locle, a résisté au désastre de la guerre.*

Le quartier Sainte-Anne*, dominé par le clocher de l'église Sainte-Anne (page de droite). La grande maison bourgeoise du XIXe siècle (à droite) accueille le musée Jules-Verne, écrivain né à Nantes en 1828.*

quatre cariatides en bas-relief, que l'on prétend copiées des cartons du Puget ; mais les échevins de Nantes les ont fait gratter et peindre. Peu de sculptures auraient pu résister à un traitement aussi barbare ; toutefois on trouve encore dans celles-ci quelques traits de force et d'énergie.

Quoi qu'on en dise, le Français, surtout en province, n'a nullement le *sentiment des arts ;* je me hâte d'ajouter qu'il a celui de la *bravoure*, de *l'esprit* et du *comique*. Si vous doutez de la partie défavorable de mon assertion, allez voir les deux cariatides sur la place de la cathédrale à Nantes.

Je croyais être quitte des beautés de cette ville ; mais il m'a fallu subir encore les hôtels de Rosmadec, d'Aux, Deurbroucq et Briord. Je n'ai été un peu consolé durant cette longue corvée que par une jolie façade dans le goût de la Renaissance, près de la cathédrale. Ce bâtiment sert maintenant à un déplorable usage : on y dépose les cercueils en bois.

Une tour ronde dans la rue de la Cathédrale indique les anciennes fortifications de la ville.

Je suis revenu en courant chez moi, me consoler de tant d'*admirations* par la lecture des

mémoires de Retz en un volume que j'ai découvert ce matin, en passant devant un libraire. Puis, un peu remis je suis sorti tout seul. Nantes a réellement l'air grande ville ; j'aime beaucoup la place Royale, vaste et régulière. Elle est formée de neuf massifs de bâtiments, construits sur un plan symétrique. Le bonheur de Nantes c'est que la mode a bien voulu y adopter de belles maisons en pierre à trois étages, à peu près égaux ; rien n'est plus joli. Les vilains quartiers, formés de maisons de bois dont le premier étage avance sur la rue, comme à Troyes, disparaissent rapidement. On trouve en plusieurs endroits de jolis boulevards formés de quatre rangs d'arbres et entourés de belles maisons. À la vérité, ces boulevards sont solitaires, et les maisons ont l'air triste. Souvent je suis allé lire dans celui qui est situé presque en face du théâtre ; mais on ne l'aperçoit point de la place Graslin. Il est peuplé d'un nombre infini d'oiseaux chanteurs.

Stendhal, *Mémoires d'un touriste*, Paris, Ambroise Dupont, 1838.

***La Psalette** est un petit square qui s'est construit autour d'un cloître datant du XVe siècle. Depuis ce lieu calme et agréable, on peut admirer la cathédrale Saint-Pierre-et-Saint-Paul, dans le plus pur gothique flamboyant.*

Nantes la belle

Victor Hugo, 1802-1885

Lors du premier voyage qu'Hugo effectue en Bretagne, au mois d'août 1834, en compagnie de sa maîtresse Juliette Drouet, il adresse cette lettre à Adèle, son épouse.

Nantes, 14 août

Je suis arrivé ce matin à 3 heures à Nantes ; j'ai dormi quelques heures, puis j'ai été voir toute la ville, et me voici prêt à me coucher pour quelques heures encore et à repartir pour Tours par le bateau à vapeur demain à 6 heures du matin.

J'ai vu à Nantes beaucoup de vieilles belles maisons, la cathédrale, édifice tronqué de toutes époques, qui contient une admirable chose, le tombeau de François II. Parles-en à ton père. Le château de Nantes a dû être magnifique. Ce qui en reste est d'une grande beauté, bien féodale et bien sévère. Je suis monté au moment où le soleil se couchait sur le clocher de la cathédrale et de là j'ai vu toute la ville, les quatre bras de la Loire, l'Erdre dont les bords sont charmants, le canal, tous les vieux toits, et la prairie de Mauves. C'est beau. Pas assez de clochers pourtant. En général, la Bretagne, si pieuse, ne brille pas par les églises. Je serai à Tours samedi matin, après une nuit passée en diligence, ce qui est dur. Voilà la cinquième depuis Paris.

J'espère qu'à Tours je trouverai des lettres de toi. Voilà dix jours que je n'ai eu de tes nouvelles.

Je présume que tu n'es plus aux Roches. Je t'adresse cette lettre à Paris.

Adieu. À bientôt.

Ton Victor

Victor Hugo, *Voyages en Bretagne et en Normandie*, in *Dossier biographique*, tome V, *Œuvres complètes*, Paris, Club français du livre, 1967.

***Les bords de l'Erdre**, affluent de la Loire qui achève sa course en plein centre de Nantes.*

LE CHÂTEAU DES DUCS DE BRETAGNE

une redécouverte

Le 9 février 2007, Nantes a enfin retrouvé son château ducal, après trois années de fermeture et quinze de travaux. Plus qu'à des retrouvailles, c'est à une redécouverte que sont conviés les Nantais : pour la première fois, ce monument, le plus ancien de la ville avec la cathédrale, a fait l'objet d'une restauration complète et documentée.

C'est tout un pan de l'histoire de la Bretagne qui se dévoile dans les rudes murailles de granit et de schiste cernant le château, dans les élégantes façades de tuffeau blanc de la résidence ducale s'ouvrant côté cour. Le contraste d'architecture, de matière, de lignes est à lui seul révélateur des tensions et des influences auxquelles fut soumis le duché.

Le château bâti par François II de Bretagne s'élève, à partir de 1466, à l'endroit du premier château ducal édifié par Pierre de Dreux. C'est à l'avènement de ce duc capétien, en 1213, que Nantes s'était imposé comme capitale de la Bretagne.

Au xve siècle, la Bretagne conquiert la paix et la prospérité : elle a affirmé sa neutralité dans la guerre qui oppose Français et Anglais, et a développé son industrie textile et son commerce maritime. Afin de se protéger des velléités d'annexion de la France, François II bâtit une forteresse inexpugnable : le second château des ducs de Bretagne sera protégé par cinq cents mètres de remparts massifs, ponctués de sept tours. Mais le duc veut aussi une résidence agréable au goût de l'époque. Le Grand Logis, le Grand Gouvernement, la tour de la Couronne d'or sont érigés

« Il est inexact de dire que la duchesse Anne réalisa l'union de la Bretagne à la France. À sa mort, en 1514, le duché fut immédiatement cédé par Louis XII à François d'Angoulême (le futur François Ier), qui avait épousé la fille de Louis XII et d'Anne, Claude de France. C'est celle-ci qui fit don du duché à son mari en 1515, mais ce n'est qu'en 1532 que les états de Vannes acceptèrent définitivement l'union du duché à la couronne. »
Jean Favier © Encyclopædia Universalis 2006.

À NANTES

dans la même pierre et dans les mêmes volumes que les châteaux de la Loire, mais dans le style gothique flamboyant breton.

La double identité de Nantes, cité bretonne et ville de Loire, devient plus manifeste encore avec Anne, fille de François II. L'inspiration architecturale puise alors dans la Renaissance italienne, et la tour de la Couronne d'or se dote de loggias. Avec Anne, mariée sous la contrainte à Charles VIII de France (à quatorze ans), remariée avec Louis XII, s'annonce aussi le rattachement de la Bretagne à la France, effectif en 1532. Le château ducal de Nantes devient résidence bretonne des rois de France. Après un incendie survenu en 1670, Louis XIV fait reconstruire le Grand Gouvernement dans le style classique du Grand Siècle. Sa façade s'orne d'un cartouche aux armes de la royauté française.

Le château de Nantes, devenu caserne, arsenal militaire et prison au XVIIIe siècle à l'heure où Nantes s'enrichit de la traite des Noirs, puis musée municipal d'une ville industrielle au début du XXe siècle, connaîtra d'autres transformations. Pendant la Seconde Guerre mondiale, tandis que Vichy détache Nantes de la Bretagne, les occupants allemands y édifient un bunker. Ses restaurateurs ont voulu que la pierre garde la mémoire de ces épisodes. Les collections présentées par le nouveau musée d'Histoire de Nantes dans les trente-deux salles de la résidence ducale font écho à cette histoire multiple de la capitale moderne des Pays de la Loire, capitale historique de la Bretagne.

Le Grand Logis *(XVe siècle), la tour de la Couronne d'or (XVe) et le Grand Gouvernement (XVe-XVIIe) font partie de l'élégante résidence ducale qui se trouve dans la cour intérieure du château. Ils sont en pierre de tuffeau et témoignent du gothique flamboyant et des premières influences de la Renaissance.*

Diptyque *de Charles VIII et d'Anne de Bretagne (château de Langeais, XVe siècle). Le 6 décembre 1491, Anne épousa Charles afin de sauver son duché envahi par l'armée royale (en haut).*

Enluminure *représentant Charles de Blois et le duc Jean de Normandie sur le point de reprendre Nantes à Jean de Montfort en novembre 1341 (en bas).*

Bretagne,

terre de légendes et de traditions

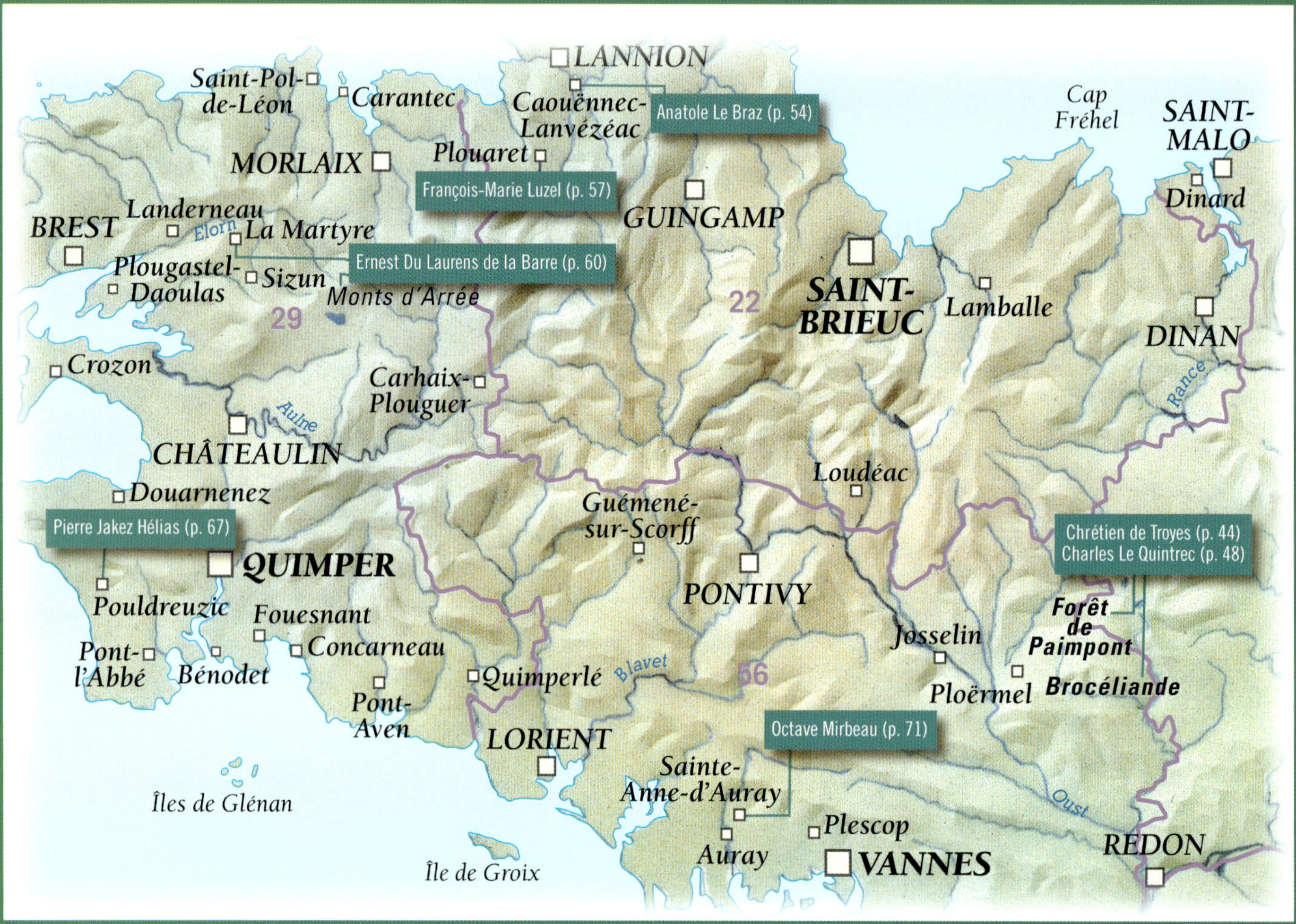
LANNION
Saint-Pol-de-Léon
Carantec
Caouënnec-Lanvézéac
Anatole Le Braz (p. 54)
Cap Fréhel
SAINT-MALO
MORLAIX
Plouaret
François-Marie Luzel (p. 57)
GUINGAMP
Dinard
BREST
Landerneau
Elorn
La Martyre
Ernest Du Laurens de la Barre (p. 60)
SAINT-BRIEUC
Plougastel-Daoulas
Sizun
Monts d'Arrée
29
22
Lamballe
DINAN
Crozon
Carhaix-Plouguer
Aulne
Rance
CHÂTEAULIN
Loudéac
Douarnenez
Pierre Jakez Hélias (p. 67)
Guémené-sur-Scorff
Chrétien de Troyes (p. 44)
Charles Le Quintrec (p. 48)
QUIMPER
PONTIVY
Pouldreuzic
Fouesnant
Forêt de Paimpont
Josselin
Pont-l'Abbé
Bénodet
Concarneau
Quimperlé
Blavet
56
Ploërmel
Brocéliande
Pont-Aven
LORIENT
Octave Mirbeau (p. 71)
Sainte-Anne-d'Auray
Îles de Glénan
Oust
Plescop
REDON
Auray
VANNES
Île de Groix

La culture bretonne est imprégnée des légendes issues des croyances et de la tradition celtiques. Histoires merveilleuses ou histoires surnaturelles sont très souvent attachées à des sites, et, au cœur de la Bretagne, la forêt de Brocéliande et les monts d'Arrée en sont les hauts lieux. Chrétien de Troyes est l'un des premiers écrivains à avoir repris les histoires merveilleuses transmises oralement par les bardes puis consignées par des religieux, telles les légendes arthuriennes. La forêt de Brocéliande est le lieu mythique du roman breton et de l'histoire des chevaliers de la Table ronde. Plus tard, des folkloristes, comme Anatole Le Braz ou François-Marie Luzel, recueillent légendes et histoires surnaturelles. Les monts d'Arrée sont le royaume de l'Ankou, serviteur de la mort, chargé de moissonner les défunts de village en village. Mais la tradition bretonne n'est pas que légendes et contes, elle s'ancre dans une réalité très concrète dont Pierre Jakez Hélias est, pour le pays bigouden, le minutieux témoin.

Double page précédente
Le Val sans Retour, *l'un des hauts lieux de la forêt de Paimpont. Dans le Pays pourpré, ainsi appelé en raison des schistes rouges qui forment sa base géologique, les légendes et récits empruntés au mythe arthurien ou issus de croyances populaires jaillissent à fleur de roche.*

Viviane et Merlin

D'après Chrétien de Troyes, XIIe siècle

Les œuvres de littérature médiévale du « cycle arthurien », encore appelées « romans de la Table ronde », puisent leurs sources dans la tradition celtique transmise oralement par les bardes. Merlin, conseiller du roi, use de sa magie pour que naisse Arthur, futur roi de grande et petite Bretagne. Après avoir extrait l'épée Excalibur de son fourreau de pierre, Arthur fonde la Table ronde et lance ses chevaliers dans l'aventure du Graal. Merlin rencontre la fée Viviane, la dame du lac, au cœur de la forêt de Brocéliande. Par amour, il lui enseigne peu à peu tous les secrets de son art, jusqu'au pouvoir de retenir un homme à jamais. Viviane en profite alors pour le garder prisonnier dans « neuf cercles » immatériels au cœur de la forêt.

***Enluminure** extraite de l'*Histoire de Merlin, *de Robert de Boron, (XIIIe siècle), représentant Merlin chevauchant en compagnie de chevaliers.*

Il s'en fut en la forêt de Brocéliande, qui était la plus agréable du monde, haute, sonore, belle à chasser et pleine de biches, de cerfs et de daims.

Là vivait un vavasseur, nommé Dyonas, qui était filleul de Diane, la déesse des bois. Avant de mourir, elle lui avait accordé pour don, au nom du dieu de la lune et des étoiles, que sa première fille serait tant désirée par le plus sage des hommes que celui-ci lui serait soumis dès qu'il l'aurait vue et lui apprendrait sa science par force de nigromancie. Dyonas engendra une fille qu'il appela Viviane en chaldéen, ce qui signifie en français : *Rien n'en ferai*. Et Viviane, qui avait alors douze ans d'âge, venait souvent jouer et se divertir dans la forêt.

Un jour qu'elle était assise au bord d'une fontaine claire dont les graviers luisaient comme de l'argent fin, Merlin vint à passer sous la semblance d'un très beau jouvenceau. Dès qu'il la vit, il l'admira si fort qu'il ne put que la saluer sans mot dire. « Je serais bien fol, pensait-il cependant (car il savait toutes choses), si je m'endormais dans le péché et si je perdais toute liberté pour avoir le déduit d'une pucelle et la honnir en offensant Dieu. » Mais elle lui dit comme une fille sage et bien apprise :

« Que Celui qui connaît toutes nos pensées vous envoie telle volonté et tel courage, que bien vous fasse ! »

Et, à l'instant qu'il entendit sa voix, Merlin s'assit au bord de la fontaine :

« Ah ! demoiselle, qui êtes-vous ?

– Je suis de ce pays et fille du vavasseur qui demeure en ce manoir. Et vous, beau sire ?

***Enluminure** extraite du* Roman du roy Meliadus de Leonnoys, *de Hélie de Boron (XIIIe siècle). Le personnage portant ici une cape orange et un chapeau à plume est Merlin.*

***Le tombeau de Merlin** est le vestige d'une allée couverte néolithique, qui a été détruite en 1894 et dont il ne reste que trois supports verticaux. Encore de nos jours, nombreux sont ceux et celles qui déposent dans le cercle de pierres des offrandes à l'Enchanteur.*

– Je suis un valet errant, qui vais quérant le maître qui m'apprenait son métier.

– Et quel métier?

– Par exemple, à soulever un château, fût-il entouré de gens qui lui donnassent l'assaut et plein de gens qui le défendissent; ou bien à marcher sur cet étang sans y mouiller mon pied; à faire courir une rivière où jamais on n'en aurait vu; et beaucoup d'autres choses, car on ne saurait proposer rien que je ne fisse.

– C'est un très beau métier, dit la pucelle, et je voudrais bien voir quelque chose de tout cela; vous suffirait-il, pour la peine, que je fusse à toujours votre amie, sans mal ni vilenie?

– Ah! demoiselle, vous me semblez si douce que je vous montrerai une partie de mes jeux, à condition que j'aie votre amour sans vous demander plus. »

Et, quand elle le lui eut juré sur sa foi, il prit une baguette et en traça un cercle, puis se rassit auprès de la fontaine. Et, au bout d'un instant, Viviane vit sortir de la forêt une foule de dames et de chevaliers, de pucelles et d'écuyers, qui tous se tenaient par la main et chantaient si doucement et agréablement que c'était merveille de les entendre. Ils vinrent se placer autour du cercle que Merlin avait dessiné, puis des danseurs et des danseuses commencèrent à danser des caroles nonpareilles, au son des tambours et instruments. Cependant un fort château se dressait tout auprès, avec un verger dont les fleurs et les fruits répandaient toutes les bonnes odeurs de l'univers. Viviane était émerveillée et si aise de regarder ces choses qu'elle ne trouvait pas un mot à dire; ce qui seulement l'ennuyait un peu, c'était de ne comprendre que le refrain de la chanson, qui était:

Voirement sont amor
A joie commencées
Et finent à dolor.

La fête se prolongea de none jusqu'à vêpres; et quand les caroles eurent assez duré, les dames

et les demoiselles s'assirent dans leurs beaux habits sur l'herbe fraîche, tandis que les écuyers et les jeunes chevaliers allaient jouter à la quintaine dans le verger.

« Que vous en semble, demoiselle ? dit Merlin. Me tiendrez-vous votre serment ?

– Beau doux ami, de cœur je suis toute vôtre ; mais vous ne m'avez encore rien enseigné.

– Je vous dirai de mes jeux, répondit Merlin, et vous les mettrez en écrit, car vous savez de lettres.

– Mais qui vous a dit cela ?

– Mon maître m'a si bien appris ! »

Tandis qu'ils causaient ainsi, les dames et les pucelles s'en allaient en dansant vers la forêt avec leurs chevaliers et leurs écuyers et, à mesure que les couples arrivaient sous les arbres, ils s'évanouissaient ; à son tour, le château disparut ; mais le verger demeura, à la prière de Viviane, et fut appelé *Repaire de joie et liesse*.

« Belle, dit Merlin, hélas ! je dois partir !

– Comment ? Ne m'apprendrez-vous aucun de vos jeux ?

– Il y faut loisir et séjour. Et je veux que vous promettiez en échange que vous vous donnerez vous-même à mon plaisir. »

La pucelle réfléchit un peu et dit :

« Sire, je le ferai après que vous m'aurez enseigné tout ce que je voudrai savoir. »

Il lui apprit sur-le-champ à faire couler une rivière où il lui plairait et quelques autres jeux légers, dont elle écrivit les mots sur un parchemin, ce qu'elle savait très bien faire. Puis il prit congé en lui promettant de revenir la veille de la Saint-Jean. Et il retourna en Carmélide où les trois rois furent bien joyeux de le revoir.

Les Romans de la Table ronde, nouvelle rédaction de Jacques Boulanger, Paris, Plon, 1958.

***L'hotié de Viviane**, aussi nommé tombeau des druides, est un mégalithe datant de 2500 av. J.-C. D'après la légende, c'est là que Merlin aurait livré ses secrets à Viviane, avant que celle-ci ne trace les cercles magiques et ne l'enferme dans une prison sans chaîne ni muraille.*

Le royaume de Viviane : un mystère éternel

Charles Le Quintrec, né en 1926

Charles Le Quintrec est un « enfant de l'Armor et de l'Argoat ». Ce poète et romancier est né à Plescop, à l'orée de la forêt de Brocéliande, dans une famille d'agriculteurs. Journaliste, il a dirigé l'hebdomadaire la Bretagne à Paris *et a été le critique littéraire du quotidien* Ouest-France. *L'extrait reproduit ci-après est le début de son autobiographie, publiée en deux volumes :* Une enfance bretonne *et* Un Breton à Paris.

Enfant de l'Armor et de l'Argoat – de la mer et du bois – et de tout ce qui reste de l'espace maritime qui vit les Vénètes affronter les légions de César et de tout ce qui subsiste du légendaire de la forêt de Brocéliande qui, jadis, recouvrait la totalité de la péninsule armoricaine, je reviens à mon pays avec le double désir de le reconnaître et d'en être compris.

Ici, toujours les hommes ont regardé vers le large. De tout temps, ils ont fait des rêves de partances et de navigations fabuleuses. *Fuir,* là-bas, *fuir…* Il semble que la hantise mallarméenne provienne du fond des âges. C'est là-bas que les palmiers sont bleus, que les oiseaux sont ivres, que les femmes sont sœurs. Là-bas, l'or des Eldorados ruisselle sempiternellement quand les chants se mélancolisent et que, d'elle-même, la mort renonce à la plupart de ses mauvais coups.

Ici, ceux qui n'ont pu partir se sont accrochés aux racines de la sylve avec des bonheurs contradictoires. Il a fallu se défier de la nuit, du vent, du ciel, du tonnerre, des esprits dévoyés, des fées féroces, des dieux de malencontre. Pour y arriver, on a traversé la rivière ; on a calmé le fleuve ; on a brûlé des herbes dans des cassolettes de terre cuite ; on a composé et recomposé le feu purificateur et surtout, on s'est mis à vouloir déraciner les arbres. Ils étaient partout comme l'ennemi privilégié encore que certains d'entre eux, porteurs de gui, passaient pour être protecteurs.

Depuis les commencements, le bois – que Valéry veut amical – nous blesse. Par lui, la nuit est plus profonde et la Ténèbre plus répandue.

Théocrite et Virgile y découvrent des divinités bienveillantes, mais pour l'heure, il s'agit d'arracher, d'essarter et de semer de l'orge et du blé noir.

Je me souviens – c'était bien avant l'ère de la tronçonneuse – de la joie virile qu'éprouvaient de jeunes garçons à se mesurer avec le chêne centenaire. Il fallait abattre ce géant, agrandir le

champ clos et le pré carré afin de gagner quelques acres pour le rêve plus encore que pour les ensemencements.

Ce pays vers la mer – ce pays dans la mer – est sorti de ses arbres comme il arrive qu'on soit né du feu. Au cœur des premières clairières, ont surgi des hameaux, des villages, des bourgades que les vacanciers ne voient jamais, les touristes pas davantage, pressés qu'ils sont d'atteindre la grande Bleue que d'aucuns prennent pour la grande Verte.

Il est vrai que l'Armor – le royaume de Morgane – est à la mode et plaît infiniment. On n'a plus peur de lui. On régate le long de ses grèves et de ses plages. On va jusqu'à le traverser en solitaire.

Au contraire, celui de Viviane, générateur d'une sylve profuse, ne laisse pas de beaucoup impressionner les citadins que nous sommes devenus. C'est qu'il a gardé presque tout son mystère, même si les tracteurs ont remplacé les chevaux qui maintenant bruffent à l'ombre

***Depuis 1820**, la forêt de Paimpont est aussi appelée forêt de Brocéliande, cadre légendaire de l'idylle de Merlin et de Viviane.*

d'une grange ou sous les derniers pommiers d'une prairie livrée, dès le crépuscule, à toutes les aventures de l'imaginaire.

On dirait cependant que la vie des jours, comme vont les jours, est à peu près semblable à celle qu'autrefois j'ai connue de Plescop au Moustoir-des-Fleurs en passant par le Parc-Lann et Chanticoq. En y regardant de plus près, je me rends compte que sous ce qui demeure, sous ce qui semble immuable, on décèle, on devine des mutations profondes, des mœurs altérées, des évolutions tapageuses.

D'un côté les routes de la mer, celles du Viking et du Malouin plus que celles d'Ulysse et de Jason ; de l'autre, des chemins creux qui vont de travers au lieu d'aller droit. Chemins de fantaisie et de rêverie pour des promeneurs et des randonneurs promis à leur propre plaisir.

Je parlerai de l'Armor, de ses drames, de la fascination qu'il exerçait sur nos jeunes esprits, mais l'Argoat qui a toutes mes prédilections, est si riche de contrastes et si pénétrant, que j'en porte toutes les figures au secret de mon sang. C'est une femme sans âge qui ramasse du bois mort pour faire cuire sa bouillie ; un laboureur qui retourne sa charrue et prend le temps de se rouler une cigarette ; c'est l'angélus du matin et du soir qui nidifie dans les arbres et permet à l'oisellerie ses oraisons chantantes ; c'est le vent, plus vif dans les fougères que dans les ronces, qui vous herse une parcelle pour y semer du chiendent ; ce sont les demoiselles Quémeneur qui, selon Max Jacob, ont une bonne qui ne sait ni laver le linge ni filer la quenouille, mais faire le bûcheron et réparer le toit d'ardoise mieux que personne. Un brave honnête homme arrête le soleil devant sa maison et s'en fait un chapeau pour aller chercher ses vaches. Des jouvencelles, parées comme des stars, jouent les amazones sur des motos pétaradantes devant des garçons du même âge, mais plus agressivement motorisés, qui font vingt fois le tour du monument aux morts où sont inscrits

Avec ses bocages, *ses landes, ses bruyères, la forêt de Paimpont est une explosion de couleurs et de senteurs. Certaines nuits de grand vent, les plaintes de Merlin résonnent dans le Val sans Retour…*

les noms de leur parentèle jamais revenue de guerre. Car on y est allé et pas qu'un peu, au casse-pipe ! On a tout laissé aux femmes dans un temps de grande presse pour courir faire le mort aux quatre cents diables : à Beaugency, à Rocroy, à Malplaquet, à Wagram, au Tonkin, à Madagascar, à Verdun, à Diên Biên Phu et à Dachau.

Laissons les morts enterrer les morts. L'Évangile nous y invite qui a fortement imprégné cette terre, favorisant la mise en place d'abbayes, d'enclos paroissiaux ; jetant aux carrefours forestiers les bras déchirés, déchirants, des calvaires ; levant derrière chaque bossellement de colline une chapelle couleur de lichen et de mousse où sainte Anne, tout uniment, coiffe Marie, sa fille adorée, de la mandorle.

C'est dans ce pays qui paraît demeurer tel qu'en lui-même pour l'essentiel et qui change à vue d'œil, que je suis né d'un père maçon et d'une mère paysanne. J'ai grandi au milieu d'un peuple qui allait son train de pauvreté sans trop se poser de questions sur la richesse des autres. « Peuple que le bonheur rend triste », écrivait Charles Le Goffic à la fin du dernier siècle, ce qui ne laisse pas d'être encore vrai.

C'est sur cette lande qui fait corps avec l'océan, sur ce plateau pierreux, prétendument inhospitalier, que j'ai bu le lait de l'amour et de la liberté.

Charles Le Quintrec, *Une enfance bretonne*, Paris, Éditions Albin Michel, 2000.

Pour Le Quintrec, *le « laboureur qui retourne sa charrue » est l'une des figures emblématiques de l'Argoat.*

LES ENCLOS

« Il faut croire que nous sommes bien les héritiers des Celtes, de ceux que le poète appelle "le peuple du crépuscule". Pour nous la mort est une fête funèbre à l'occasion du départ de quelqu'un vers un monde de plain-pied avec celui-ci. Et cette fête trouve naturellement son théâtre dans l'enclos paroissial qui occupe le centre du bourg, domaine des vivants, seulement séparé de lui par le mur du cimetière où reposent les morts. Il faut donc passer à travers les tombes, fouler les reliques pour accéder à la maison de Dieu, c'est-à-dire l'Éternité. »

Pierre Jakez Hélias,
le Cheval d'orgueil,
Paris, Plon, 1975.

***En Bretagne**, la rivalité entre paroisses s'est exprimée moins dans la dimension des édifices que dans leur parure. À Saint-Thégonnec, les personnages sont extrêmement travaillés : ils sont représentés comme des paysans bretons de l'époque ou comme des notables à la mode d'Henri IV, et leurs visages sont très expressifs (en haut, à gauche). Le calvaire de Saint-Hernay (à droite), le plus ancien de Bretagne, date du XVe siècle.*

***À la fin du XIXe siècle**, Sainte-Anne-d'Auray (en bas, à gauche) tend à devenir le sanctuaire de la Bretagne. En 1865, il a fallu se résoudre à remplacer la chapelle édifiée en 1628 par une vaste église, financée par souscription.*

PAROISSIAUX

une histoire de la foi bretonne

Les enclos paroissiaux du Léon, dans le Finistère Nord, sont à la Bretagne ce que furent les cathédrales en d'autres provinces. De Sizun à Saint-Thégonnec, les artisans ont sculpté, dans la pierre et le bois, un fabuleux catéchisme, pour l'édification des vivants, le repos des défunts… et l'orgueil des paroisses.

Quand, entre XVe et XVIIIe siècle, le Léon s'enrichit du tissage et du commerce du lin, les notables des paroisses entreprennent de transformer et d'embellir l'espace sacré réunissant la maison de Dieu et des fidèles – l'Église – et le champ des morts, le cimetière. Dans cet espace clos d'un mur, on pénétrera désormais par une porte triomphale. Celle de Sizun, édifiée à la fin du XVIe siècle, est sans doute l'une des plus belles, avec ses trois arcs en plein cintre d'inspiration antique et son petit calvaire, typiquement breton, à son sommet.

Le grand calvaire, élément majeur de l'enclos, est aussi le plus orné. À Guimiliau, sur le socle portant la croix du Christ encadrée de celles des larrons, la passion de Jésus est narrée en ronde-bosse par deux cents personnages ! Ici, comme à Saint-Thégonnec, où la construction du plus grand et du plus célèbre enclos paroissial s'est étalée sur cent cinquante ans à partir de 1533, les visages disproportionnés pour être plus lisibles, les expressions grotesques ou pathétiques et les mouvements exagérés rappellent la théâtralité des scènes de la Passion jouées au Moyen Âge devant les églises.

Cet art des enclos a souvent été qualifié de paysan et de naïf, alors qu'il fut une création inédite et foisonnante à partir d'influences anciennes et récentes. Il fut l'œuvre, non d'artisans malhabiles, mais de sculpteurs travaillant la difficile pierre de Kersanton, guidés souvent par les charpentiers de marine.

Dans l'église, la prospérité de la paroisse est visible dans la richesse du mobilier et de la décoration. Le catéchisme se fait en images, dans les scènes de la Passion ornant à Lampaul-Guimiliau la poutre « de gloire » séparant le chœur de la nef, dans les retables et les évangiles sculptés sur les chaires à prêcher. Cette œuvre d'édification se poursuit jusque dans l'ossuaire, dernier élément de l'enclos, où l'on transférait jadis les ossements des anciens défunts, pour ménager de la place dans l'étroit cimetière. La mort s'y représente sans fard. Ne sommes-nous pas au pays de l'Ankou ?

L'histoire du maréchal-ferrant

Anatole Le Braz, 1859-1926

À Tréguier, sur la rive droite du Jaudy, était situé un petit oratoire qui abritait une statue de bois de saint Yves de la Vérité, que l'on venait prier depuis le XVII*e siècle afin d'obtenir un jugement divin. On l'implorait aussi pour être débarrassé d'un ennemi ou, dans un procès, pour punir de mort le parjure. Anatole Le Braz, auteur de contes et de nouvelles d'inspiration strictement bretonne, tire de cette croyance un conte, qu'il situe à Caouennek (ou Caouënnec-Lanvézéac), petite commune des Côtes-d'Armor.*

Scène de marché *au début du* XX*e siècle (en haut).*

Statue de saint Yves *(à droite), patron des juristes et des avocats, ainsi que de la Bretagne (cathédrale Saint-Tugdual de Tréguier).*

Il était une fois un maréchal-ferrant qui s'appelait Fanchi et qui avait sa forge au bourg de Caouennek. Il cultivait de plus quelques arpents de terre attenants à sa forge, et il trouvait moyen de nourrir deux ou trois vaches. Il aurait dû être à l'aise dans ses affaires, car il travaillait avec courage. Malheureusement, sa femme était un puits de dépenses. L'argent que Fanchi lui remettait, il ne le revoyait plus, sans qu'il pût savoir à quoi il avait été employé. Il ne se doutait pas, l'excellent homme, que Marie Bénec'h, sa triste moitié, tandis qu'il peinait l'enclume, passait son temps à commérer d'auberge en auberge, et à payer du *micamo*, c'est-à-dire « du café salé avec de l'eau-de-vie », à toutes les Jeannettes du voisinage.

Fanchi avait un apprenti, nommé Louiz, qui était dans sa maison depuis nombre d'années et en qui il avait grande confiance.

Un soir, il dit à l'apprenti :

– Sois de bonne heure sur pied demain matin. Marie Bénec'h prétend que sa bourse est vide. Nous irons à La Roche-Derrien vendre la vache rousse. C'est la « foire du chaume » *(foar ar zoul)*, nous en trouverons peut-être un bon prix.

La vache rousse fut, en effet, bien vendue. Trois cents écus sonnants, sans compter les arrhes.

Comme Louiz et Fanchi s'en revenaient vers Caouennek, l'apprenti dit au maître :

– À votre place, je ne donnerais pas cet argent à Marie Bénec'h en une seule fois. Je le ramasserais dans un tiroir et je ne m'en séparerais qu'au fur et à mesure des besoins du ménage.

– C'est une heureuse idée, répondit Fanchi, qui n'avait jamais pensé à cela.

Rentré chez lui, il mit les trois cents écus, rangés en plusieurs piles, dans une grosse armoire de chêne dont il fourra la clef sous son traversin.

Mais son manège n'avait pas échappé à l'œil de Marie Bénec'h. Dès qu'elle entendit ronfler son mari que cette journée de foire avait harassé, elle se leva discrètement, déroba la clef, courut à l'armoire, et fit rafle de l'argent.

Qui fut bien attrapé le lendemain ? Ce fut Fanchi, le forgeron.

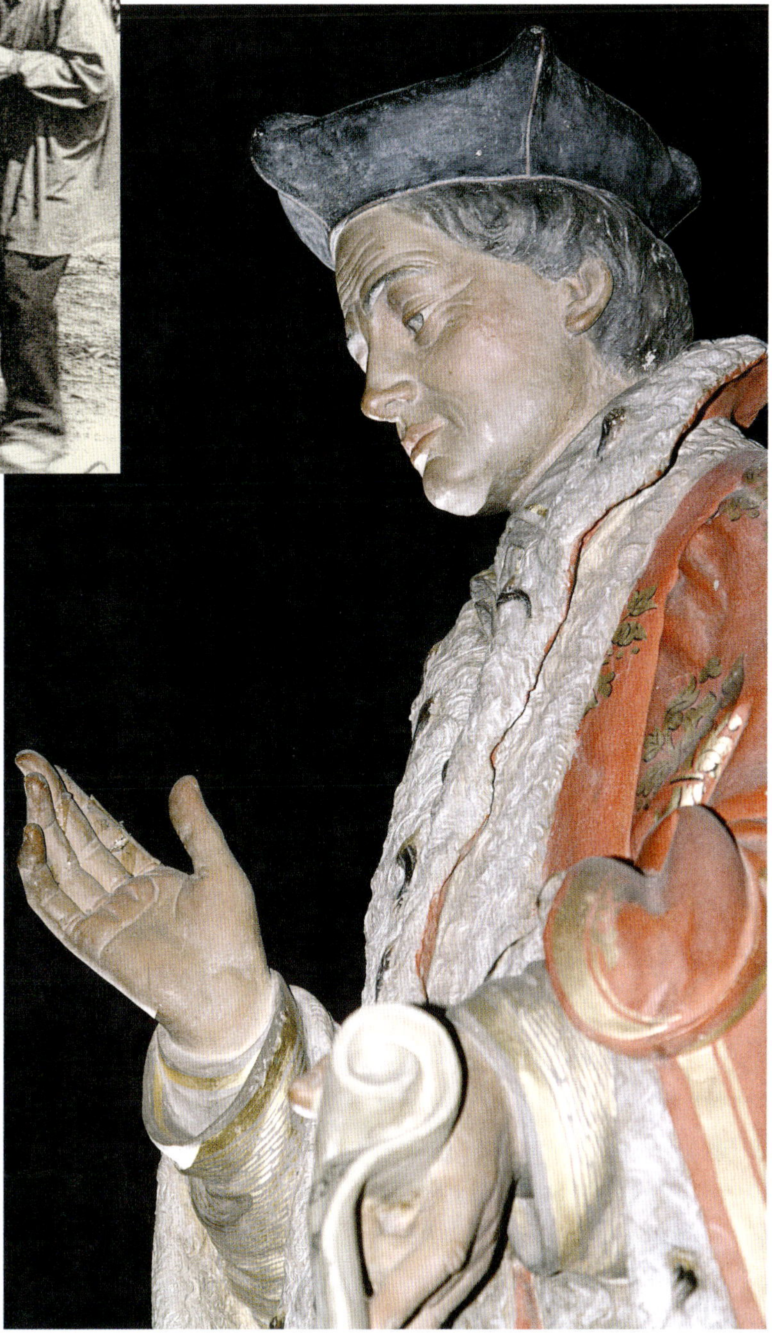

Ses soupçons se portèrent aveuglément sur son apprenti.

– Louiz, s'écria-t-il, pâle de colère, j'ai suivi ton conseil. Voilà ce qui m'en revient. Rends-moi mes trois cents écus.

– Je ne les ai pas pris.

– Tu nies ? Soit. Tu vas de ce pas m'accompagner à Saint-Yves-de-la-Vérité !

– Je suis prêt à vous accompagner partout où il vous plaira.

Ils se mirent en route.

Quand ils furent arrivés à la porte de l'oratoire, le maréchal prononça les paroles consacrées. Le saint inclina la tête par trois fois, pour montrer qu'il avait compris et aussi pour déclarer qu'il allait faire justice.

Fanchi regagna Caouennek, soulagé. Quant à Louiz, qui avait été allègre au départ, il ne le fut pas moins au retour.

À l'entrée du bourg, Fanchi lui dit :

– Tu penses bien que d'ici longtemps nous ne travaillerons plus ensemble.

– À votre gré, maître, répondit Louiz.

J'estime cependant qu'avant peu vous aurez reconnu que ce n'est pas moi le coupable.

Ils se séparèrent…

Marie Bénec'h guettait son mari du seuil de la forge.

– Où as-tu été ? lui demanda-t-elle.

– À Saint-Yves-de-la-Vérité.

– Quoi faire ?

– Vouer à la mort, dans un délai de douze mois, la personne qui m'a volé mes trois cents écus.

– Ah ! malheureux ! malheureux ! s'écria Marie Bénec'h, qui déjà avait au cou la douleur de la mort, si du moins tu m'avais prévenue ! tes trois cents écus n'ont pas été volés. C'est moi qui les ai pris, cette nuit, pendant que tu dormais. Retournons vite défaire ce que tu as fait.

– Il est trop tard, femme. Par trois fois le saint a incliné la tête.

À partir de ce jour, Marie Bénec'h ne fit en effet que languir, et, les douze mois écoulés, elle mourut.

Anatole Le Braz, *Légende de la mort en Basse-Bretagne*, Paris, Champion, 1893.

Le cheval au cœur du patrimoine breton.
Le cheval attelé comme mode de transport appartient au début du siècle dernier. Cependant, la foire aux chevaux et aux poulains est une tradition bretonne qui perdure de nos jours. Certaines remontent au XVIIIe siècle, comme celle de Bulat-Pestivien (Côtes-d'Armor), et se déroulent juste avant le pardon dominical.

Une veillée bretonne

François-Marie Luzel, 1821-1895

Ce folkloriste breton, fils de paysans du Trégor, a consacré sa vie à la collecte scientifique des chansons, des contes et des pièces de théâtre populaires de Bretagne. Dans ce récit apparaît la charrette grinçante de l'Ankou, personnage qui revient souvent dans la tradition orale et les contes bretons, serviteur de la mort en Basse-Bretagne, dont le rôle est de moissonner les âmes des défunts récents.

J'ai entendu conter encore, dit Jolory, que, la nuit de Noël, au moment de l'élévation, à la messe de minuit, quand l'officiant montre aux fidèles l'hostie consacrée, l'eau des puits et des fontaines se change en vin.

– Moi aussi, je l'ai entendu dire, dit Fanch ar Moal, et Laou Troadec m'a même affirmé qu'à Guergarellou, il était allé se placer près du puits à minuit, au moment où l'on entrait à la messe, et que dès qu'il entendit le tintement de la cloche annonçant l'élévation, vite il tira un seau d'eau et se mit à boire à même le seau ; et c'était, assurait-il, du vin délicieux et comme il n'en avait jamais bu. Mais il avait à peine aspiré deux ou trois gorgées que la cloche cessa de sonner, et dès lors il ne buvait plus que de l'eau.

– On assure, dit quelqu'un, que Karic an Ankou (le petit chariot de la Mort) a été entendu, la semaine dernière, dans le village du Kerouez, la nuit même où est mort le bonhomme Kerboriou.

– Je l'ai entendu dire aussi, reprit Jolory. Je n'ai jamais vu Karic an Ankou, bien que j'en aie souvent entendu parler. Il ressemble assez,

***L'Ankou**, personnification armoricaine de la Mort, apparaît ici sur la façade de la chapelle Sainte-Anne de Lannédern, dans les monts d'Arrée.*

Les fontaines *divinatoires, dont l'architecture est souvent remarquable, étaient vénérées par les Bretons, à l'instar de ces femmes (ci-contre) venues puiser l'eau miraculeuse à la fontaine sacrée de Notre-Dame de Quillinen (Finistère). La fontaine du haut est dédiée à Notre-Dame de Kergoat, à Quéménéven (au nord de Quimper).*

assurent ceux qui l'ont vu, à nos petites charrettes de cultivateurs; il est recouvert d'un linceul blanc, attelé de deux chevaux blancs et conduit par la Mort en personne, tenant en main sa grande faux, qui brille au clair de lune, et même dans l'obscurité. L'essieu grince et crie toujours, comme celui d'une charrette qu'on ne graisse point. Il passe souvent, invisible, par les chemins; d'autres fois aussi, on le voit, mais toujours on entend crier l'essieu. Ma mère m'a affirmé l'avoir entendu, maintes fois, passer devant notre maison, au carrefour du Kerouez.

Une nuit que mon père était rentré fort tard, revenant de je ne sais quel pardon – mon père, comme vous le savez, était sonneur (ménétrier) –, et ayant bu de nombreuses chopines de cidre, selon son habitude, ma mère dit, pendant qu'il mangeait sa soupe, avant de se coucher:

– Voilà encore Karic an Ankou qui passe! Quelqu'un va mourir dans la paroisse, pour sûr!

Mon père, qui n'avait peur de rien, surtout quand il avait bu, se lève aussitôt en jurant et en disant:

– Karic an Ankou! Tonnerre de Brest! Il y a assez longtemps que j'en entends parler, et je voudrais bien le voir, au moins une fois dans ma vie: où est-il?

Et le voilà sorti, nu-tête, pieds nus, et de courir dans la direction du Vieux-Marché en criant:

– Holà! hé! camarade, attendez donc un peu; n'allez pas si vite: je voudrais bien vous voir et causer avec vous un peu...

Mais soudain il s'arrêta, ses jambes faiblirent, il eut peur et s'en retourna tout penaud, n'ayant rien vu. Il se coucha et n'en parla jamais plus.

– Eh bien! moi, dit Riou, j'ai vu Karic an Ankou, et bien vu, et je puis vous en parler.

– Contez-nous cela, Riou, lui dit-on de tous côtés.

– C'était du temps que j'étais domestique à Keravennou, chez le grand Morvan. Le bonhomme L'Ahellec, que quelques-uns de vous ont connu, y était malade, et il allait s'affaiblissant et baissant tous les jours. Un matin, que je m'étais levé avant le jour pour soigner les chevaux (c'était, je crois, dans le mois de janvier), je fus bien étonné de voir une charrette attelée de deux petits chevaux blancs entrer dans la cour. « Qui est-ce, et que peut-il venir chercher ici avec sa charrette, avant le jour? » me demandai-je. Et je cherchais à reconnaître le charretier et ses chevaux; mais ce fut en vain. La charrette était recouverte d'un drap blanc et le conducteur s'enveloppait d'une sorte de manteau également blanc et tenait une faux sur son épaule gauche. Je ne pus voir sa figure. Tout cela me paraissait étrange. La charrette continuait d'avancer, tranquillement, vers la porte de la maison. Quand elle passa près de moi, à deux ou trois pas, je dis en m'adressant au charretier inconnu:

– Bonjour, camarade! Vous êtes bien matinal: il ne fait pas encore jour.

Pas de réponse. La charrette avançait toujours, et, en un clin d'œil, charrette, chevaux et charretier disparurent et entrèrent dans la maison par le trou du chat. Je me dis alors: « C'est Karic an Ankou, qui vient chercher le bonhomme L'Ahellec! »

Et j'allai à l'écurie réveiller mon camarade Menou et lui faire part de ce que je venais de voir.

– Le bonhomme L'Ahellec n'ira plus loin, me répondit Menou, et je ne serais même pas étonné qu'il fût déjà trépassé.

Et en effet, ce matin-là même, au point du jour, le bonhomme L'Ahellec mourut, après une longue et douloureuse maladie.

François-Marie Luzel, *Contes populaires de la Basse-Bretagne*, Paris, Maisonneuve Frères et Ch. Leclerc, 1887.

L'église de La Martyre *(ci-dessous), bâtie entre le XIVe et le XVIe siècle, fait partie du plus ancien enclos paroissial du Léon (début de construction : XIe siècle). Cet enclos s'ouvre par une porte en arc de triomphe surmontée d'une galerie flamboyante et d'un calvaire.*

Le filleul de la mort

Ernest Du Laurens de la Barre, 1819-1881

Ce récit se situe dans la petite paroisse de La Martyre, au pied des monts d'Arrée, qui culminent à 384 mètres (Tuchen Kador, Roc'h Trévezel). De nombreuses légendes sont attachées à ces monts. On y situe les portes de l'enfer ! C'est aussi le royaume de l'Ankou, ouvrier de la mort, et des esprits malfaisants, les korrigans.

Perchée sur le mont *Saint-Michel-de-Brasparts, l'un des points culminants des monts d'Arrée (380 m), cette chapelle a servi de refuge jusqu'à la fin du* XIX*e siècle aux bergers qui étaient harcelés par les loups.*

Les monts de Bretagne, que l'on nomme *montagnes Noires et d'Arhez*, sont peu remarquables comme hauteur ; mais leurs pentes, sans être très rapides, sont accidentées, désertes, semées de rochers énormes, coupées par des ravins profonds, de sombres cavernes et des gouffres mystérieux où les torrents tombent en grondant après les tempêtes de l'automne et les neiges de l'hiver…

Au sud de la chaîne *d'Arhez*, sur ses vastes anneaux qui s'inclinent vers Carhaix et entourent de leurs orbes gigantesques le grand marais du Mont-Saint-Michel, l'aridité de ce sol tourmenté disparaît sous le feuillage des bois touffus et la verdure des vallons ombreux… Bois et vallons jadis enchantés, aujourd'hui hantés par des spectres lamentables, des nains moqueurs et des démons cruels dont les ricanements nocturnes figent le sang du voyageur attardé…

Plus loin vers le midi, en approchant de la mine abandonnée de Poullaouen, on rencontre les bois du Huelgoat et les cascades de Saint-Herbot ; lieux solitaires où passent, comme les frissons de la nuit, de vagues et plaintives rumeurs ; sites pittoresques entre tous, mais trop peu connus, et que les Bretons aiment à comparer aux vallées de la Suisse ou du Tyrol.

***Le sorcier** faisait partie, avec l'Ankou, les fées et les korrigans, de l'imaginaire fantastique breton. Ce suppôt de Satan était la cause de tous les maux, comme en témoigne le chant reproduit sur cette gravure (page de droite).*

***Fresque** du XVe siècle représentant une danse macabre (église de Kernascléden, Morbihan). La mort, personnifiée par les squelettes, accueille aussi bien les plus grands de ce monde que les plus humbles.*

Enfin, si l'on se dirige vers le couchant, on aperçoit dans le lointain la rade de Brest et les plaines bleues de l'Océan. La montagne d'où l'on domine ce panorama immense s'assombrit encore. Les roches sont plus grandes et plus nombreuses; les crevasses d'où suintent les sources, plus profondes et plus mouvantes. La bruyère rougie est brûlée par les rafales marines... Ah! c'est un beau théâtre pour les scènes de nos contes et de nos légendes. Aussi les traditions y abondent-elles, lugubres et parfois tragiques. C'est bien là le berceau des fantômes bretons, où nos petits drames nous ramènent souvent.

Il y avait jadis, dans la paroisse de La Martyre, un pauvre homme, père de famille s'il en fut, car il en était à son treizième: *pas de chance*, comme il le disait à tout propos. Il avait usé en qualité de parrain et de marraine de tous ses parents, de tous ses amis, et se trouvait à bout dans ce genre, si bien que le treizième courait grand risque de ne pouvoir être baptisé.

Il alla donc en passant au bourg trouver le recteur et le pria d'attendre jusqu'au lendemain à midi, vu qu'il voulait trouver le patron nécessaire pour faire un chrétien de son treizième, qui, par malheur, paraissait avoir bonne envie de vivre.

Sur le haut de la colline, Laou rencontra, au milieu d'un brouillard qu'une lueur étrange illuminait, un affreux personnage, qui lui dit aussitôt:

– Laou, tu cherches un parrain pour ton treizième, me voilà, si tu veux?

– Je ne dis pas non, répondit Laou, mais je voudrais au moins savoir qui tu es?

– Moi, je suis le diable et je puis donner la fortune à mon filleul.

– Ah! tu es le diable: pour lors, pas de chance! Je ne veux pas de toi, car je veux un homme juste pour parrain de mon fils.

Et Laou continua son chemin.

Un peu plus loin, il vit venir à lui sur la route un monsieur distingué, un vrai seigneur, tout habillé d'or et d'argent, avec une figure brillante

On l'accusait de tout, d'allumer l'incendie.
D'enlever aux bestiaux la santé puis la vie.
D'empêcher, dans le sol le froment de germer,
Les filles de trouver qui pouvait les aimer !...
On racontait sur lui de sinistres histoires...
L. Aubert
(Chant d'Armor)
AMAURY

comme le soleil. Laou allait passer en tirant son chapeau, quand le monsieur lui dit :

– Mon ami, vous cherchez un parrain pour votre enfant, le treizième (et c'est une bénédiction de Dieu) ; je suis prêt, si vous voulez ?

– Volontiers, dit Laou étonné ; mais auparavant dites-moi qui vous êtes ?

– Je suis Jésus, mon ami, et cela doit vous suffire.

– Non pas, non pas, Seigneur, je suis fâché de le dire, car je suis chrétien, mais vous n'êtes pas juste non plus…

– Comment, je ne suis pas juste !

– Non… voyez, moi, j'ai treize enfants – pas de chance – et pas de pain à leur donner, tandis que le maître du manoir de la Roche n'a qu'un pauvre petit qui est tout chétif.

– Pauvre homme aveugle, murmura le Christ en s'éloignant… aveugle qui oublie la récompense du ciel…

Plus loin encore, en passant au bord du sombre marécage, sous les tours du château, par un temps lugubre, Laou aperçut un fantôme ambulant, un squelette blanchi dont les os craquaient à chaque pas. Il portait une grosse montre taillée dans un crâne.

– Arrête, Laou ! lui dit le spectre. Tu cherches un donneur de nom pour ton treizième ; tu ne trouveras pas meilleur que moi.

– Qui êtes-vous donc, l'homme maigre ? répondit Laou en grelottant à sa vue.

– Moi, je suis faucheur, de mon état.

– Ah ! Vous êtes faucheur, c'est comme moi dans le temps des foins.

– Oh ! fit le vieux fantôme, moi je ne fauche que l'herbe de cimetière : je suis Fanch *Ann-Ankou* (Fanch-la-mort).

– C'est bon ! c'est bon ! dit Laou. J'accepte, car vous êtes juste, vous du moins : vous avez même justice pour les riches et les pauvres, les forts et les faibles… j'accepte : venez…

Il fallait voir l'horrible faucheur rire, mais rire jaune, en poussant l'aiguille de sa montre, qui ne va jamais assez vite à son gré.

Ernest Du Laurens de la Barre, *les Veillées de l'Armor*, Vannes, Cauderan, 1842.

Le moulin du Chaos *a donné son nom au Chaos du Moulin, extraordinaire amoncellement de blocs rocheux aux formes arrondies qui, dans la forêt de Huelgoat, s'entassent le long du Fao, la rivière d'Argent. Les fées et les légendes ont élu domicile au village de Huelgoat (Uhel-Coat, « le bois du haut »), situé au pied des monts d'Arrée, au bord d'un lac et à l'orée de la forêt.*

***Les lits clos** sont parfois doubles. Les panneaux coulissants sont souvent ornés de rosaces en roues de charrette ou décorés de clous en cuivre.*

Le lit clos

Pierre Jakez Hélias, 1914-1995

Né à Pouldreuzic, en pays bigouden, Pierre Jakez Hélias a été à la fois un témoin, un animateur et un diffuseur de la culture bretonne. Son ouvrage le Cheval d'orgueil *a rencontré un succès international. Ces mémoires d'un Breton du pays bigouden dépassent la simple autobiographie et montrent comment, peu à peu, une civilisation paysanne traditionnelle est complètement bouleversée par le* XX*e siècle.*

Les paysans *et les fermiers auraient conçu le lit clos pour se protéger des loups, qui s'emparaient des nouveau-nés endormis dans leur berceau. Ils y enfermaient leurs petits enfants et pouvaient ainsi vaquer à leurs occupations l'esprit tranquille.*

La façade du lit clos, dit-on, est l'image même du destin de l'homme. La partie centrale, entre les glissières des portes, représente le Bas-Monde (*ar bed-man*), celui où les hommes peinent, le lit absorbant leur fatigue, et assurent leur descendance derrière les trois lettres IHS et le Sacré-Cœur sculptés dans les portes. En dessous, la partie cachée par le banc est appelée l'Enfer (*an Ivern*) à cause de l'obscurité qui y règne entre les quatre pieds de bois à peine équarri, sans le moindre ornement. Au-dessus, la corniche à colonnettes prend le nom de Paradis (*ar Baradoz*) avec sainte Anne ou la Vierge en faïence de Quimper érigée sous une arcade entre deux fuseaux. Le Paradis et le Bas-Monde sont abondamment cloutés de cuivre et régulièrement astiqués comme il faut, ai-je besoin de le dire ! Le soir, quand la pièce est éclairée seulement par le feu du foyer, les clous des armoires, du banc à dossier et du lit clos scintillent dans l'obscurité comme autant d'étoiles. Le jour, c'est surtout le bois de châtaignier qui resplendit. Quand ma mère empoigne ses chiffons pour faire briller ses meubles, Alain Le Goff dit quelquefois en souriant :

– Voilà Marie-Jeanne qui nettoie la sacristie.

Il a raison. Nous vivons dans une sorte de sacristie ou de chapelle privée, non seulement à cause des monogrammes du Christ, des croix, des cœurs et des ostensoirs ciselés dans le bois rougeâtre, mais parce qu'il est évident que nos menuisiers ont appris à dresser des sièges, des portes et des frontons en prenant la leçon du mobilier d'église.

[…] Ah ! Ces lits clos, quelle aubaine !

Il m'arrive d'en rencontrer qui sont transformés en vestiaire dans les vestibules, en bibliothèque dans le bureau, en buffet ou en boutique à boissons dans la salle de séjour, en boîte à musique où se combinent tourne-disque, radio et télévision. J'en ai même trouvé un qui fonctionne en cabinet de toilette pour la plus grande satisfaction de ses usagers sinon pour leur plus

***Devant le lit clos**, se trouve le banc-tossel, qui servait à la fois de marchepied pour grimper dans le lit, de coffre et de siège.*

***Intérieur breton** traditionnel. Les fermes ne disposaient, en général, que d'une seule pièce, où l'on alignait les lits clos.*

grande commodité. Un autre, chez un tailleur, sert de salon d'essayage. Un autre encore dissimule, derrière ses portes, un écran de cinéma familial. Enfin, celui qui a reçu le plus d'honneur est devenu le cadre d'une toile de grand maître qui vaut plusieurs millions.

Or, je proclame que c'est très bien. À condition que la façade du monument ne soit pas mise en pièces ou martyrisée à la scie, cela vaut mieux que de le voir pourrir dans quelque grange où il tient lieu de réserve à pommes de terre. Le meuble le plus symbolique de nos ancêtres continue ainsi à servir après avoir été « reconverti » selon les nécessités de notre époque. Et je dois avouer que la plupart de ceux qui possèdent un lit clos en tirent un certain orgueil. Il y en a même qui vont jusqu'à coucher dedans. Parole d'honneur !

Seulement, moi, je suis né dans un lit clos. J'y ai digéré mes fatigues et nourri mes rêves jusqu'à ma quinzième année et même un peu plus tard. Et puis j'ai connu l'aventure des lits de fer dans les collèges, des lits de hasard dans les hôtels d'Europe et d'Afrique, des lits de série, des lits de style et même, si j'ai bonne mémoire, d'un lit historique dans un manoir médiéval. À part le confort quelquefois, aucun de ces lits n'a valu le lit clos à mes yeux. Le lit clos est (j'en sais beaucoup qui n'ont jamais cessé de servir) un réduit fermé à l'intérieur de la salle, comme je l'ai dit, un coffre-fort à sommeil, une forteresse dont les ponts-levis sont les panneaux coulissants frappés du monogramme du Christ, de l'ostensoir ou du Saint-Esprit ; une cellule de moine parfois tapissée d'images saintes et qui bourdonne, chaque soir, du bredouillis des prières en breton. Un domaine réservé dans une salle commune. La corniche sert de table de nuit, le banc de coffre à linge, de descente de lit, de réserve à sel, à bougie, à tabac ; le côté de support à cuillères et de panneau d'affichage pour les portraits de famille et l'almanach des

Collection Villard Quimper

***Deux bigoudènes**, reconnaissables à leur coiffe caractéristique, devant le phare d'Eckmühl, à la pointe du Penmarc'h.*

Postes. Et par-dessus le marché, la menuiserie est souvent belle. C'est pourquoi, je ne m'étonne pas, aujourd'hui, de voir le lit clos servir à tous les usages. C'est sa destination.

Alors, on me demande quelquefois si j'aimerais encore dormir dans un lit clos. La réponse est non, cent fois non. À moins qu'on ne me rende ma jeunesse et le monde total qui m'entourait, celui que le temps a détruit. Il y a quarante ans et plus que je suis sorti, pour la dernière fois, de mon armoire à sommeil, que je me suis mis à plat ventre sur la terre battue, à la recherche de mon sabot gauche qui avait toujours tendance à s'évader sous le banc-coffre. Et il m'arrivait de me coincer la tête entre la terre et le bas du banc. Je sortais de ce piège avec une oreille sale et meurtrie. Mais j'étais ravi de ramener, en même temps que le sabot fugitif, une balle de chiffon brodée en rouge, vert et jaune. C'était le cadeau d'une jeune fille de neuf ans qui avait dérobé, pour l'amour de moi, des restants de fil sur la table du brodeur Tist Alanou. Une autre fois, c'était un bouton de *chupenn*, un merveilleux bouton de verre cerclé de cuivre, une sorte de kaléidoscope où luisaient doucement des débris d'arc-en-ciel. Des boutons comme celui-là, vous pouvez en voir encore dans les musées. Une demi-douzaine de balles brodées à la bigoudène sont enfermées dans une vitrine, comme des bijoux précieux, chez un collectionneur que je connais. La jeune fille de neuf ans est aujourd'hui grand-mère si elle vit encore. Elle s'appelait Yvonne ou Maria, peu importe.

Je ne coucherai plus dans un lit clos, pour rien au monde. Pour la simple raison qu'il me manquerait l'état de grâce et que j'aurais, en outre, l'impression d'offenser les Mânes, les Lares et les Pénates. C'est tout.

Pierre Jakez Hélias, *le Cheval d'orgueil, mémoire d'un Breton du pays bigouden*, Paris, Plon, 1975.

Croquis de fêtes bretonnes

Octave Mirbeau, 1850-1917

Journaliste et romancier, Octave Mirbeau fait ses études à Vannes. Afin d'échapper à la vie parisienne, il revient très souvent pour écrire en Bretagne, cadre des romans, des nouvelles et des nombreux articles qu'il lui consacre. Dans cet article sur le grand pèlerinage de Sainte-Anne-d'Auray, on retrouve ce qui caractérise le style de Mirbeau : observation aiguë, réalisme, lyrisme, ironie et outrance.

Le coin de terre où s'élève la basilique de Sainte-Anne-d'Auray donne bien la caractéristique du pays morbihannais, de tous les pays bretons resté le plus obstinément breton, par l'amour entêté de sa langue natale, par le culte de ses souvenirs, par ses coutumes anciennes que ni le temps, ni le progrès, ni le nivellement politique n'effacent, et par l'aspect sévère, âpre, indiciblement triste, de son sol. Ce sont des landes, coupées de hauts talus, qui barrent le ciel comme des murs, et, derrière ces talus, dans un espace qu'on devine, des pins isolés, dont on n'aperçoit, au haut de hampes torses, que les têtes arrondies, remuées par la brise, et qui vont bleuissant à mesure qu'ils s'éloignent dans l'air. Puis, des cultures maigres et pauvres apparaissent, auxquelles se succèdent encore des landes et parfois des têtes de chênes épais, trapus, dont les cimes moutonnent durement sous le soleil. De distance en distance, le terrain s'abaisse et, par une dévallée rapidement franchie, l'horizon s'élargit, mais pas bien loin, un horizon lourd, opaque, écrasé de verdures sombres, entre lesquelles brillent, ainsi que des plaques d'or, quelques champs de blé mûrissant. En ce pays de silence et d'immobilité, les légendes, filles des blancs étangs nocturnes et des vastes landes au parfum de miel règnent sur

***Les pèlerins** se recueillent à Sainte-Anne-d'Auray devant le mémorial de Bretagne, élevé en 1923 à la mémoire des 240 000 Bretons tombés au cours de la Grande Guerre.*

Après la messe *solennelle se déroule une procession chantée au cours laquelle les femmes et les hommes en costume traditionnel portent des statues et brandissent des bannières éclatantes.*

Jeune femme *originaire de Quimper en costume de fête.*

l'imagination de l'homme, aussi puissantes, aussi dominatrices qu'autrefois. Depuis Yves Nicolazic, qui vit sainte Anne, impalpable et rayonnante de lune, se montrer à lui, dans le champ sacré du Bocenno, à l'endroit même où est aujourd'hui la Scala Sancta, rien n'est changé. Les chemins de fer, ces conquérants des contrées barbares, n'ont pu laisser d'autres traces ici que celles, vite disparues, de leur fumée. Les trains passent entre les pins, entre les chênes, entre les blocs de granit ; ils passent en vain roulant, en vain sifflant, en vain s'essoufflant ; ils ont passé… Entre les pins, entre les chênes, entre les blocs de granit, nulle part, ils n'ont déposé un atome de la vie nouvelle qui gronde dans leurs flancs. Et même, ne voit-on pas avec étonnement, au-dessus des locomotives et des poteaux télégraphiques humiliés, la statue de la patronne des Bretons couronner la gare de Sainte-Anne de sa masse de fonte énorme et bénite ?

C'est jour de grande fête à sainte-Anne ; l'annuel pèlerinage où, de tous les points de la Bretagne, se rendent les pèlerins. Dès l'aube,

par toutes les routes, par toutes les traverses, par toutes les sentes, en longues files poudreuses, ou bien à pleines charretées, ils arrivent, chantant des cantiques naïfs, leurs bannières au vent. D'une hauteur, le spectacle est curieux à voir. La campagne semble s'être couverte, tout à coup, de grandes fleurs blanches qui ondulent entre les verdures. On dirait qu'elles flottent sur les blés, qu'elles se balancent au-dessus des arbres, qu'elles jaillissent, palpitantes et vivantes, du sein de la terre et des touffes de genêts sauvages ; ce sont les coiffes des paysannes. Les voilà qui s'assemblent là-bas, en un bouquet immense, puis elles se dispersent de nouveau, s'éparpillent ; elles montent les petits coteaux, descendent au creux des petites vallées, toujours plus blanches, et si légères qu'on croirait que le vent, doucement, les pousse. À mesure qu'elles avancent, qu'elles se font plus distinctes, qu'elles passent près de nous, on reconnaît à leur forme différente les différents pays d'où elles viennent. Ainsi défile, en clairs chiffons de mousseline et de batiste, l'histoire pittoresque de la Bretagne, depuis Brest jusqu'à Rennes, depuis Nantes jusqu'à Saint-Brieuc.

Coiffes légères et menus bonnets, posés sur les cheveux nus, comme des fleurs neigeuses ; solennels hennins qui donnent à celles qui les portent des allures gothiques ; gracieux toquets, aux transparents roses, qui dégagent la nuque, et d'où pendent sur les épaules de longues brides frissonnantes ; cornettes aux larges ailes de colombe qui volent et qui mettent sur les figures minces des tons de cire délicates ; vaporeuses couronnes, bavolets dont les bords se tuyautent ; précieuses fanchons aux pointes coquettement retroussées ; capelines étranges, dont les plis flottent, ainsi que des mouchoirs dénoués ; mitres d'évêque, imposantes et comiques, tiares juives, liturgiques diadèmes ; tabliers bleus, jaunes, verts, roses, lilas ; vestes brodées de soies vives et de boutons dorés, jupons garnis de velours – elles passent, les belles filles de Saint-Pol, de Paimpol et de Guingamp ; les belles filles de Fouesnant, de Concarneau et de Pont-Aven, amusants polichinelles avec leurs coiffes à deux cornes et leurs collerettes qui dansent sur les poitrines rondes ; elles passent, les jolies filles de Quimperlé, dont le profil, maigre, fin et pâle, rappelle celui des vierges de vitrail ; et celles de Pontivy, au chignon relevé ; et celles de Guéméné à la démarche asiatique, avec leur haut bonnet de Tcherkesse ; et celles de Pont-Labbé, les bigoudens joufflues et roses, dont la coiffe phallique est brodée de clinquant sur les côtés ; elles passent toujours, et d'autres, là-bas, viennent qui passeront encore. Ce n'est pas le ménestrel, qui marche devant, en soufflant dans son biniou enrubanné ; c'est le recteur qui, de temps en temps, bat la mesure et accompagne, avec son serpent, les pieux cantiques bretons, dont elles rythment leurs pas balancés.

Clocher de l'église, *déclarée basilique par le pape Pie IX en 1877.*

Aux carrefours, encombrés de mendiants et d'infirmes agenouillés qui récitent des prières, les pèlerins trouvent de petites boutiques, rustiquement établies, où l'on vend des fruits et des chapelets, des saucisses et des croix argentées, des médailles, des rosaires, des scapulaires et des fouaces. Les images de sainte Anne, les cœurs enflammés de Jésus pendent, familièrement, parmi les boudins noirs ; et de vieilles femmes accroupies au fond des fossés, offrent de l'eau miraculeuse de la sainte piscine en faisant griller des sardines sur des feux de lande sèche. D'autres vieilles femmes circulent, portant des mannes pleines d'avoine verte et fleurie, que les gars achètent pour en orner leurs chapeaux, les filles leurs corsages. Et, quelquefois, un forain attroupe la foule autour de ses tréteaux, où l'on suit, sur un rouleau de toile peinte, les dramatiques péripéties du naufrage du vaisseau *le Vengeur ;* il chante, avec un fort accent bordelais *En r'venat d'la r'vue*, ce qui ne l'empêche pas de distribuer, en même temps, pour un sou, les cantiques de la journée. C'est la seule note moderne de la fête.

Le soir, pèlerins et pèlerines, réunis dans le champ du Bocenno, au nombre de dix mille, et tenant à la main, chacun, un cierge brûlant dans un cornet de papier rose, processionneront devant la *Scala sancta*, en invoquant « leur mère sainte Anne ». Puis ils camperont dans les champs, dans la lande, autour du hameau, à la garde de Dieu. Mais, comme le disait gaiement une fille de Larmor : « Ce n'est pas d'être sur la terre, la nuit, qui est ennuyeux, c'est qu'il y a trop de garçons, voyez-vous... Et quand les garçons sont si près, le diable n'est pas loin... heureusement que du haut de sa tour, notre Mère nous voit et veille sur nous... Sans ça ! »

Tous les tableaux de ces fêtes n'ont pas cette couleur ni cette gaieté ; il en est de sombres, d'effroyables, devant lesquels beaucoup reculeraient d'épouvante.

Sur la route de Pluneret à Sainte-Anne – la plus passagère de toutes – les misérables, les estropiés, les monstres étalent leurs loques vermineuses et des plaies qui n'ont pas de nom ; on marche dans l'horreur, le cœur chaviré, le cerveau soudainement affolé comme par une hallucination d'enfer. De quels abîmes inconnus, de quels terrifiants cauchemars, de quels germes atroces sortent donc ces êtres maudits qui sont là, vautrés sur les berges, entassés dans les fossés ? Car ils sont là, deux cents, trois cents peut-être davantage, ils sont là, de chaque côté de la route, criant, pleurant, implorant et grouillant sous le soleil qui les ronge, qui accélère leurs vivantes pourritures ? Se peut-il qu'il y ait, quelque part, de semblables épouvantements, et que la nature ait pu créer cette hideuse folie, ce paradoxe monstrueux des souffrances humaines ? Quoi, ce sont des hommes, ces larves effrayantes, ces paquets de chair décomposée, ces tronçons de corps déformés qui se soulèvent et se tordent ? Des hommes, est-ce possible ? Les uns rampent sur des moignons sanguinolents ; d'autres, le nez coupé, la bouche rongée et toute noire, les yeux invisibles, couverts d'infectes purulences, s'agitent sous des guenilles aux odeurs de charnier ; un autre, couché sur un mètre de pierre, le ventre nu, gonflé comme une outre qui aurait roulé dans du sang, la poitrine nue, tailladée à vif, luisante de suintements ignobles, semble un monceau de chair écorchée, de viande corrompue, sur laquelle s'acharnent les mouches.

Un autre encore, énorme, incohérent, impossible, les bras et les mains coupés, bondit sur son ventre et lèche les ordures de sa langue. À côté, une femme en proie à une attaque d'épilepsie, se débat et hurle, l'écume aux dents ; elle est à moitié nue, ses bras, démesurément longs et démesurément maigres comme ceux des monstres japonais, sont ankylosés ; et je ne sais rien de plus effarant que la fureur livide de cette face, la torsion douloureuse de ce corps et l'immobilité de ces membres. C'est encore une femme, les seins dévorés par un cancer, qui allaite deux enfants nus, à tête d'hydrocéphale. J'en ai vu un qui, avec une brindille d'arbuste, retirait des vers de ses plaies, les étalait sur ses loques et les montrait fièrement aux passants. Puis, des fous grimaçants, crispant leurs doigts dans le vide ; des innocents, au regard mort, habillés de vieilles défroques de femme, et toujours des amas d'êtres à moitié morts, charognes vivantes, échappées au cimetière, à l'amphithéâtre, à la Morgue !

Où donc étaient les belles filles de Fouesnant, de Concarneau et de Pont-Aven, amusants polichinelles avec leurs coiffes à deux cornes et leurs collerettes blanches qui dansent sur les poitrines rondes ? Où donc les jolies filles de Quimperlé, dont le profil délicat et pâle ressemble à celui des vierges de vitrail ?... Elles passaient entre cette double haie de suppliciés, dans ce sang, dans ce pus, dans cet enfer, indifférentes et rieuses parfois, et toujours chantant, de la voix traînante qu'ont les Bretonnes :

Vierge immaculée,
En toi nous croyons,
Vierge immaculée,
Sauve les Bretons.

Octave Mirbeau, « Croquis de fêtes bretonnes », in *le Gaulois*, 1er août 1887.

Ferveur religieuse *et superstition étaient souvent mêlées. Les jeunes filles avaient coutume de s'agenouiller au pied du calvaire du cloître et d'y piquer des épingles afin de se marier dans l'année.*

LES PARDONS

une ferveur bien vivante

« À Sainte-Anne/Une fois doit aller tout Breton », écrivait au XIXe siècle le poète romantique et lorientais Auguste Brizeux. Ces vers en forme de proverbe régional ont encore, en ce début du XXIe siècle, quelque actualité : ils sont toujours des milliers à converger, les 25 et 26 juillet, vers Sainte-Anne-d'Auray, dans le Morbihan.

Le pardon de Sainte-Anne est le plus célèbre de toute la Bretagne. Dans le foisonnement des fêtes paroissiales bretonnes, celle-là a vocation à rassembler : n'est-elle pas dédiée à la patronne de toute la Bretagne ?

La mère de la Vierge n'a acquis ce statut qu'en 1914. Le pardon de Sainte-Anne existe depuis le début du XVIIe siècle. À l'instar de la plupart des cérémonies de l'ancienne France, visant à l'origine au rachat des fautes, il a une origine miraculeuse. En 1625, un paysan du cru, guidé par la main de la sainte portant un flambeau, déterra dans l'un de ses champs une statue polychrome à son effigie, à l'emplacement d'une chapelle jadis détruite par les Anglais. En nul autre lieu au monde, dit la tradition, la mère de la Vierge n'apparut ainsi à un profane.

La grande troménie *(ci-contre). Héritier des cérémonies druidiques, ce pardon a lieu tous les six ans les 2e et 3e dimanches de juillet dans le bourg de Locronan (Finistère). Les pèlerins parcourent 12 km autour de la montagne de Locronan, ponctués par douze stations où chaque paroisse expose ses saints et ses reliques.*
Le grand pardon *(en haut, à droite) de la fête de Saint-Yves à Tréguier (Côtes-d'Armor, 3e dimanche de mai).*
Le pardon de Notre-Dame-de-la-Clarté *(en bas, à droite) à Perros-Guirrec (Côtes-d'Armor, 15 août).*

Dès juillet 1625, l'évêque de Vannes posait sur le lieu du miracle la première pierre d'un sanctuaire en l'honneur de sainte Anne. Le pèlerinage connut très rapidement un vif engouement qui n'a point décru.

Dès le 7 mars et jusqu'au rosaire (premier dimanche d'octobre), les pèlerins montent à genoux la *sancta scala*, double escalier menant à l'ancienne porte du parvis de l'église consacrée à Sainte-Anne. Mais c'est au grand pardon de juillet que culminent la ferveur et la foule.

La messe solennelle du dimanche est encadrée par deux processions : l'une, nocturne, se déroule la veille, l'autre, diurne, l'après-midi. Toutes deux ressuscitent l'ancienne Bretagne et sa piété populaire teintée de superstition. Aux prières et aux cantiques se mêlent vœux de protection ou de guérison et actions de grâce pour des souhaits exaucés. Derrière les restes enchâssés d'or de la statue miraculeuse de sainte Anne, brûlée à la Révolution, les porteurs de bannières et de croix ont souvent revêtu le costume breton, pantalon noir et chapeau rond. Comme jadis, des femmes ont sorti la « guise » du dimanche, ainsi que la robe et le tablier brodés assortis de cette coiffe qui résista à la modernité jusque dans les années 1950.

C'est sans doute l'un des secrets de la persistance des pardons, ici comme en bien d'autres paroisses. Le pardon, souvent suivi d'une fête mêlant jeux, danses et agapes, est l'occasion de mettre ses pas dans ceux des ancêtres, de maintenir vivante la tradition et la sociabilité de la Bretagne.

« Sur votre terre de Bretagne et de l'ouest de la France, la foi chrétienne, arrivée il y a tant de siècles, s'est peu à peu inculturée et fortifiée. En tout premier lieu, nous nous tournons vers sainte Anne apparue à Yves Nicolazic dans ce village où, avec son épouse Guillemette, il formait un couple chrétien estimé de tous :
"Yves Nicolazic, ne craignez pas. Je suis Anne, mère de Marie. Dieu veut que je sois honorée en ce lieu."
[Et le pape traduit en breton :] "Iwán Nikolazig, n'ho pet ket eun. Me zo Ánna, mamm Mari. Án Aotrou Doue e fall dehóñ ma vein-me inouret amáñ." »

Extrait de l'homélie prononcée par Jean-Paul II le 20 septembre 1996 à Sainte-Anne-d'Auray.

Bretagne, entre

terre et Manche

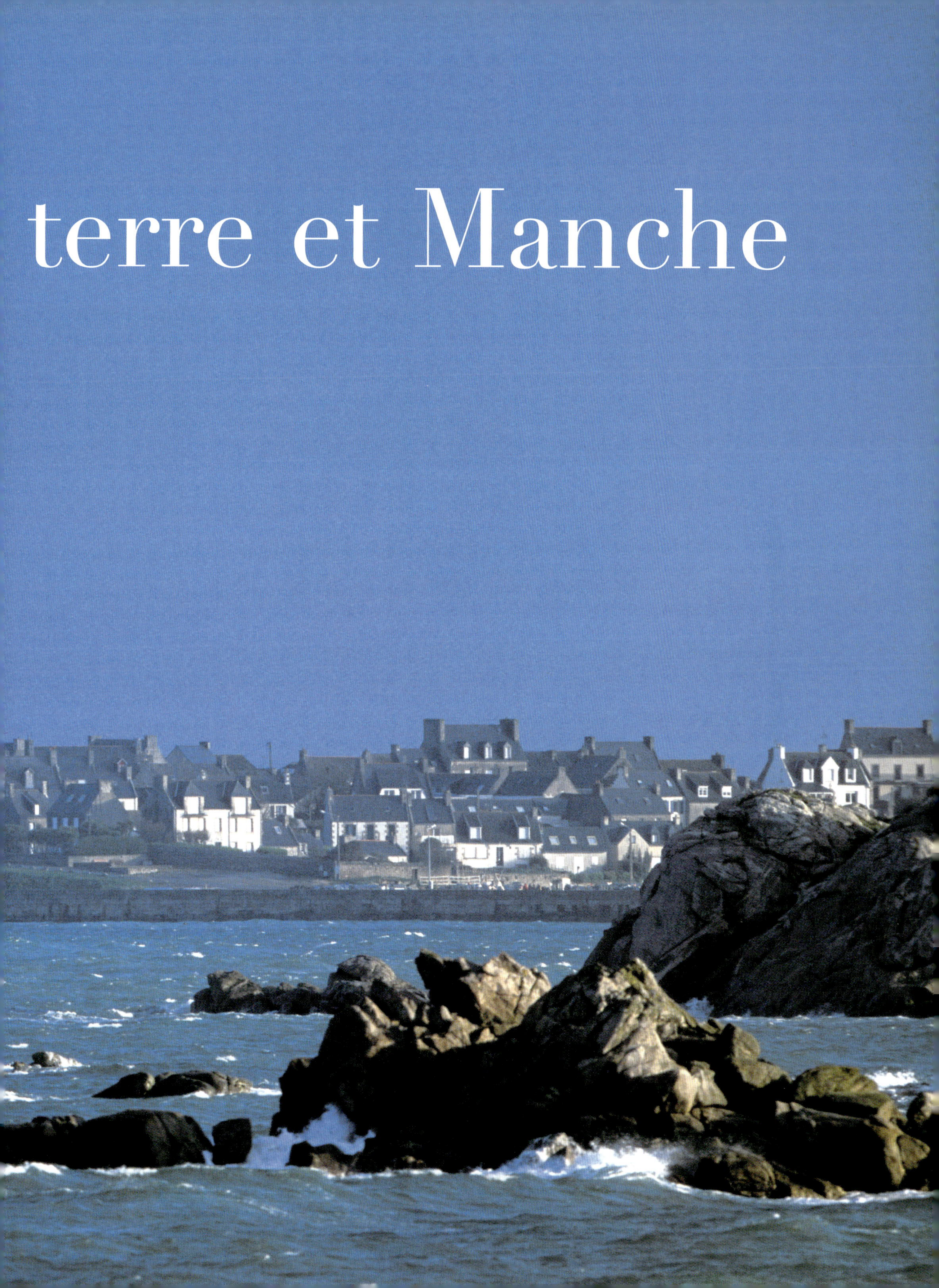

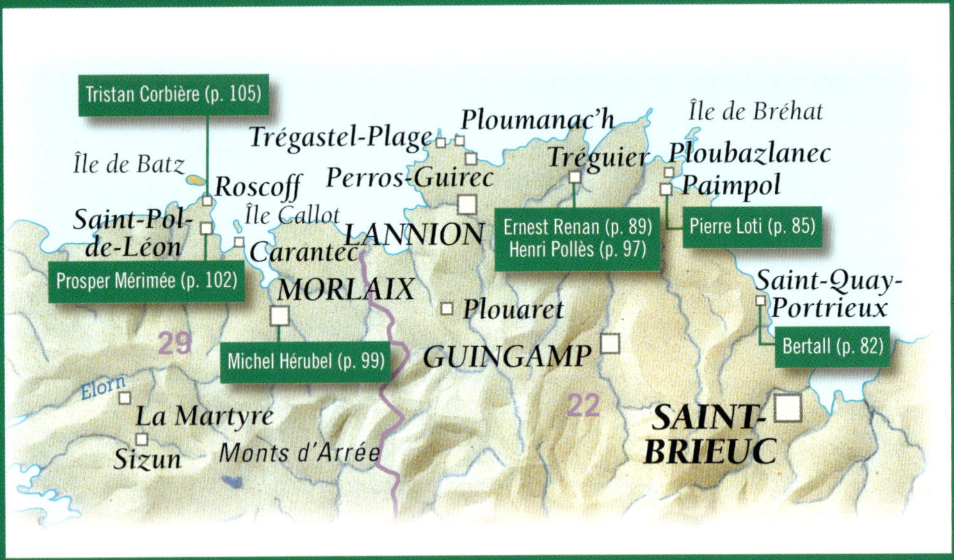

Tristan Corbière (p. 105)
Île de Batz
Roscoff
Saint-Pol-de-Léon
Prosper Mérimée (p. 102)
Île Callot
Carantec
Trégastel-Plage
Ploumanac'h
Perros-Guirec
LANNION
MORLAIX
Michel Hérubel (p. 99)
Plouaret
GUINGAMP
Tréguier
Ernest Renan (p. 89)
Henri Pollès (p. 97)
Île de Bréhat
Ploubazlanec
Paimpol
Pierre Loti (p. 85)
Saint-Quay-Portrieux
Bertall (p. 82)
SAINT-BRIEUC
29
22
Elorn
La Martyre
Sizun
Monts d'Arrée

La Bretagne est la région française qui bénéficie de la plus grande longueur de côtes. Le littoral, l'Arvor, s'oppose à l'intérieur des terres, l'Argor ou le bocage. Du côté de la Manche, dans les pays de Saint-Brieuc, du Trégor ou du Léon, les pointes rocheuses alternent avec des plages de tailles variées, et les champs sont cultivés jusqu'aux bords de l'Océan. Se succèdent les ports de pêche tels Portrieux, Paimpol ou Tréguier, et les villes de tradition commerciale, comme Morlaix, ou agricole, dont Saint-Pol-de-Léon est encore un vivant exemple.

Cette côte est une source de nostalgie pour ceux qui y sont nés et d'inspiration pour tous ceux qui la découvrent. Bertall raconte le début du tourisme sur la plage de Portrieux. Dans son récit du pardon des Islandais, à Paimpol, Pierre Loti nous fait ressentir la vivacité de la pratique religieuse. Renan se souvient de son enfance à Tréguier, ville dont Henri Pollès décrit le quotidien fade dans un roman. Michel Hérubel choisit quant à lui la baie de Morlaix pour nous conter une étrange histoire. Les deux remarquables églises de Saint-Pol-de-Léon sont l'occasion pour Mérimée de montrer ses talents d'observation. Et Tristan Corbière adresse une ode « au vieux Roscoff ».

Double page précédente
La cité corsaire de Roscoff*, située sur une presqu'île de la baie de Morlaix.*

La plage de Portrieux

Bertall, 1820-1882

Le dessinateur et caricaturiste Charles Albert d'Arnoux, dit Bertall, dresse, à l'époque où commence à se développer la mode des bains de mer, un inventaire illustré des plages de France. À Saint-Quay-Portrieux, d'où partirent en 1612 les premiers bateaux de pêche pour Terre-Neuve, le premier hôtel ouvre dès 1845. La fréquentation ne cesse de croître avec l'arrivée du chemin de fer dans la baie de Saint-Brieuc, facilitant la venue des Parisiens.

***Les marins de Saint-Quay** qui partaient pêcher en Islande ou sur les bancs de Terre-Neuve auraient bien du mal à reconnaître leur petit port de pêche.*

Les plages, jusqu'alors uniquement connues de pauvres familles de pêcheurs, ont été envahies par les habitants des villes en quête de santé et de distractions différentes de celles dont ils sont saturés.

De Saint-Brieuc, quelques kilomètres séparent le voyageur de ces trois stations, qui se trouvent espacées à une très légère distance les unes des autres, surtout Portrieux et Saint-Quay, qui se touchent presque, et dont les plages ne sont guère éloignées de plus d'un kilomètre l'une de l'autre.

La route, à partir de Saint-Brieuc, est remarquablement jolie, traversant des vallées ombreuses et des routes bordées de ces grands arbres, pittoresques d'allure, dont la Bretagne a seule le secret.

Binic, où l'on atteint tout d'abord les rives de la mer, est un petit port d'échouage où l'on construit quelques bateaux destinés à la pêche de la morue. Ces bateaux vont pêcher à Terre-Neuve ou à Saint-Pierre-Miquelon. Une plage qui n'est point sans charme attire quelques baigneurs, qui viennent de Saint-Brieuc et des environs. Quelques petites maisons de plaisance s'égarent çà et là, à proximité de cette plage, mais le bain de mer proprement dit n'existe qu'à l'état rudimentaire.

C'est à Portrieux que la fête commence. On y arrive tout doucement ballotté dans une diligence vieux style, à caisse jaune et à grande bâche noire, qui vous y trimbale tant bien que mal, grâce aux trois chevaux qui sont attelés de front comme aux omnibus de l'Odéon. La dif-

férence principale consiste en ce que le conducteur s'arrête à chaque instant, et à chaque bourgade, pour dire bonjour aux amis et s'humecter le gosier d'un nombre respectable de grands verres de cidre ou de petits verres d'eau-de-vie.

Ce système de locomotion a du moins l'avantage de vous permettre de regarder à loisir le pays, ce qui a sa valeur, car il a un caractère tout particulier.

À Portrieux, le côté exclusivement paysan et marin commence à disparaître. Plusieurs hôtels, un bel hôtel entre autres, l'hôtel du Talus, s'élève sur la plage, tout près de la petite jetée qui s'avance sur la gauche, destinée à protéger les bateaux et petits bricks, à flot à la marée haute, et échoués sur la grève à la marée basse. Vers la droite, une série de petites cabines en bois et de tentes allongées sur la plage. Les baigneurs viennent y trouver la mer, qui, même par un gros temps, est sans dureté, les vagues ayant été brisées par l'avancée de la jetée.

On s'y baigne donc tranquillement, au milieu des canots, des barques et des petits bâtiments qui s'y abritent. L'aspect de ce bain à portée de tous les esquifs variés y prend par suite une curieuse originalité.

Ceux qui aiment que le flot fouette plus vigoureusement, et qui se plaisent aux caresses plus énergiques de la vague, n'ont qu'à prendre un charmant petit passage qui se trouve à l'origine de la jetée, sur la gauche. Ce petit passage conduit à la falaise, et de là à une ravissante petite plage, intitulée la *plage de la Comtesse*. Cette plage de la Comtesse est digne de son

Vue aérienne *de Saint-Quay-Portrieux, avec au fond la plage du casino et le bassin d'eau de mer qui ravit ceux qui n'ont pas le courage de descendre jusqu'à l'eau, lorsque la marée est basse.*

Se baigner *sur les plages bretonnes est un loisir très prisé dès le XIXe siècle.*

nom, meublée de sable fin, élégante, entourée de falaise de rochers aimables et protégée des violences de la haute mer par une jolie petite île, *la Comtesse,* qui donne son nom à la plage.

Sur cette petite île s'élève ou plutôt devait s'élever une construction, que le génie militaire a cru devoir entraver dans son développement, au grand chagrin de son propriétaire, qui a avalé douloureusement cette pilule. Il est, dit-on, pharmacien. Il s'est consolé en utilisant les murs déjà construits, en y plaçant des espaliers, et il s'y est fait un jardin charmant, qui, grâce au climat, tempéré délicieusement par l'inévitable *Gulf-Stream,* le bienfaiteur juré des côtes bretonnes, produit abondamment les fruits les plus remarquables et des légumes tout à fait accomplis.

C'est là, dans cette espèce de salon maritime, le salon de la Comtesse, que la mer reçoit les délicats et ceux qui n'aiment pas les promiscuités du petit port. Je serais bien étonné si, bientôt, il ne se trouvait quelque homme de goût qui bâtisse une ou plusieurs maisons de plaisance sur les champs qui donnent accès à cette plage. Mais ne serait-ce point regrettable de voir ce gracieux asile de la Comtesse perdre son caractère d'isolement et de discrétion ?

Après la plage de la Comtesse, continuez à suivre le petit chemin tracé sur la falaise : ses détours sinueux vous découvrent à chaque instant des anses pittoresques, des rochers à pic, au pied desquels se brise le flot sur les débris amoncelés des falaises, toujours rongées par le mouvement incessant de la mer.

Voici une sorte de palais oriental bâti dans un assez beau style et dont le dôme et les minarets se profilent agréablement sur le ciel. C'est là, me dit-on, que M. Waddington[1] cuve à loisir les enivrements de son ministère et se repent de ses erreurs en Orient. Plus loin, une enceinte de murs étranges garnit un promontoire, au-delà duquel j'aperçois plusieurs pierres levées et un dolmen du plus beau caractère celtique : on m'assure que ce dolmen est de fabrication récente ; tant pis ! À vrai dire, il n'en est pas moins décoratif.

Nous sommes arrivés au sémaphore, récemment brisé et presque détruit par le tonnerre, et Saint-Quay avec la plage se déroule devant nous.

Bertall, *les Plages de France, Paris,* C. Marpon et E. Flammarion, 1856.

1. William Henry Waddington (1826-1894), archéologue et homme politique français d'origine anglaise. Il fut député, sénateur et ministre de l'Instruction publique, puis des Affaires politiques.

Le pardon des Islandais

Pierre Loti, 1850-1923

Dans son roman Pêcheur d'Islande, *Pierre Loti, officier de marine, peint avec exactitude la vie mélancolique des villages bretons et le rude métier des Islandais, ces marins bretons voués de père en fils à la pêche aux confins de l'Atlantique Nord. Véritable épopée à la gloire des marins, ce roman connut, avec près de cinq cents éditions, un succès considérable.*
À Paimpol, Gaud, la fille d'un ancien Islandais, rencontre Yann, pêcheur, et cousin de son ami Sylvestre.

La première fois qu'elle l'avait aperçu, lui, ce Yann, c'était le lendemain de son arrivée, au *pardon des Islandais,* qui est le 8 décembre, jour de la Notre-Dame de Bonne-Nouvelle, patronne des pêcheurs – un peu après la procession, les rues sombres encore tendues de draps blancs sur lesquels étaient piqués du lierre et du houx, des feuillages et des fleurs d'hiver.

À ce pardon, la joie était lourde et un peu sauvage, sous un ciel triste. Joie sans gaîté, qui était faite surtout d'insouciance et de défi ; de vigueur physique et d'alcool ; sur laquelle pesait, moins déguisée qu'ailleurs, l'universelle menace de mourir.

Grand bruit dans Paimpol ; sons de cloches et chants de prêtres. Chansons rudes et monotones dans les cabarets ; vieux airs à bercer les matelots ; vieilles complaintes venues de la mer, venues je ne sais d'où, de la profonde nuit des temps. Groupes de marins se donnant le bras, zigzaguant dans les rues, par habitude de rouler et par commencement d'ivresse, jetant aux femmes des regards plus vifs après les longues continences du large. Groupes de filles en coiffes blanches de nonnain, aux belles poitrines serrées et frémissantes, aux beaux yeux remplis des désirs de tout un été. Vieilles maisons de granit enfermant ce grouillement de monde ;

Le port de Paimpol, *d'où partirent, en février 1852, les premières goélettes armées pour pêcher la morue en Islande et sur les bancs de Terre-Neuve.*

***Le départ des Islandais** (d'abord en février, puis à partir de 1863 le 1er avril) était marqué par une procession religieuse, le pardon des Islandais, qui était suivie de nombreuses réjouissances populaires.*

vieux toits racontant leurs luttes de plusieurs siècles contre les vents d'ouest, contre les embruns, les pluies, contre tout ce que lance la mer ; racontant aussi des histoires chaudes qu'ils ont abritées, des aventures anciennes d'audace et d'amour.

Et un sentiment religieux, une impression de passé, planant sur tout cela, avec un respect du culte antique, des symboles qui protègent, de la Vierge blanche et immaculée. À côté des cabarets, l'église au perron semé de feuillages, tout ouverte en grande baie sombre, avec son odeur d'encens, avec ses cierges dans son obscurité, et ses ex-voto de marins partout accrochés à la sainte voûte. À côté des filles amoureuses, les fiancées de matelots disparus, les veuves de naufragés, sortant des chapelles des morts, avec leurs longs châles de deuil et leurs petites coiffes lisses ; les yeux à terre, silencieuses, passant au milieu de ce bruit de vie, comme un avertissement noir. Et là tout près, la mer toujours, la grande nourrice et la grande dévorante de ces générations vigoureuses, s'agitant elle aussi, faisant son bruit, prenant sa part de la fête…

De toutes ces choses ensemble, Gaud recevait l'impression confuse. Excitée et rieuse, avec le cœur serré dans le fond, elle sentait une espèce d'angoisse la prendre, à l'idée que ce pays maintenant était redevenu le sien pour toujours. Sur la place, où il y avait des jeux et des saltimbanques, elle se promenait avec ses amies qui lui nommaient, de droite et de gauche, les jeunes hommes de Paimpol ou de Ploubazlanec. Devant des chanteurs de complaintes, un groupe de ces « Islandais » était arrêté, tournant le dos. Et d'abord, frappée par l'un d'eux qui avait une taille de géant et des épaules presque trop larges, elle avait simplement dit, même avec une nuance de moquerie :

– En voilà un qui est grand !

Il y avait à peu près ceci de sous-entendu dans sa phrase :

« Pour celle qui l'épousera quel encombrement, dans son ménage, un mari de cette carrure ! »

Lui s'était retourné comme s'il l'eût entendue et, de la tête aux pieds, il l'avait enveloppée d'un regard rapide qui semblait dire :

« Quelle est celle-ci qui porte la coiffe de Paimpol, et qui est si élégante et que je n'ai jamais vue ? »

Et puis, ses yeux s'étaient abaissés vite, par politesse, et il avait de nouveau paru très occupé des chanteurs, ne laissant plus voir de sa tête que les cheveux noirs, qui étaient assez longs et très bouclés derrière, sur le cou.

***Le catalogue de* la Belle Jardinière** *(chaîne de magasins de confection qui se développa en France au XIXe siècle) met en scène deux fiancés de Paimpol. La jeune fille restera à terre, priant pour le retour de son amoureux…*

La pêche lointaine
à la morue était alors concentrée exclusivement entre Cancale et Paimpol. Les terre-neuvas, les marins-paysans recrutés dans l'arrière-pays breton et le long de la côte, retrouvaient à l'automne leur lopin de terre entretenu par leur femme.

Ayant demandé sans gêne le nom d'une quantité d'autres, elle n'avait pas osé pour celui-là. Ce beau profil à peine aperçu ; ce regard superbe et un peu farouche ; ces prunelles brunes légèrement fauves, courant très vite sur l'opale bleuâtre de ses yeux, tout cela l'avait impressionnée et intimidée aussi.

Justement c'était ce « fils Gaos » dont elle avait entendu parler chez les Moan comme d'un grand ami de Sylvestre ; le soir de ce même pardon, Sylvestre et lui, marchant bras dessus bras dessous, les avaient croisés, son père et elle, et s'étaient arrêtés pour dire bonjour…

… Ce petit Sylvestre, il était tout de suite redevenu pour elle une espèce de frère. Comme des cousins qu'ils étaient, ils avaient continué de se tutoyer – il est vrai, elle avait hésité d'abord, devant ce grand garçon de dix-sept ans ayant déjà une barbe noire ; mais, comme ses bons yeux d'enfant si doux n'avaient guère changé, elle l'avait bientôt assez reconnu pour s'imaginer ne l'avoir jamais perdu de vue. Quand il venait à Paimpol, elle le retenait à dîner le soir ; c'était sans conséquence, et il mangeait de très bon appétit, étant un peu privé chez lui…

… À vrai dire, ce Yann n'avait pas été très galant pour elle, pendant cette première présentation – au détour d'une petite rue grise toute jonchée de rameaux verts. Il s'était borné à lui ôter son chapeau, d'un geste presque timide bien que très noble ; puis l'ayant parcourue de son même regard rapide, il avait détourné les yeux d'un autre côté, paraissant être mécontent de cette rencontre et avoir hâte de passer son chemin. Une grande brise d'ouest, qui s'était levée pendant la procession, avait semé par terre des rameaux de buis et jeté sur le ciel des tentures gris-noir… Gaud, dans sa rêverie de souvenir, revoyait très bien tout cela : cette tombée triste de la nuit sur cette fin de pardon ; ces draps blancs piqués de fleurs qui se tordaient au vent le long des murailles ; ces groupes tapageurs d'« Islandais », gens de vent et de tempête, qui entraient en chantant dans les auberges, se garant contre la pluie prochaine ; surtout ce grand garçon, planté debout devant elle, détournant la tête, avec un air ennuyé et troublé de l'avoir rencontrée… Quel changement profond s'était fait en elle depuis cette époque !…

Et quelle différence entre le bruit de cette fin de fête et la tranquillité d'à présent ! Comme ce même Paimpol était silencieux et vide ce soir, pendant le long crépuscule tiède de mai qui la retenait à sa fenêtre, seule, songeuse et énamourée !…

Pierre Loti, *Pêcheur d'Islande*, Paris, Calmann-Lévy, 1886.

Enfance à Tréguier

Ernest Renan, 1823-1892

Ernest Renan commence ses études à l'École ecclésiastique de Tréguier, sa ville natale, qu'il quitte bientôt pour Paris, non sans peine : « Le Breton jeune est difficilement transportable. » Mais après plusieurs années de séminaire, il renonce à la vocation sacerdotale et s'oriente vers les lettres et la philosophie. En réalité, la foi de Renan découle d'habitudes familiales et d'émotions enfantines et surtout d'un idéalisme religieux typiquement celte, comme il le raconte dans ses Souvenirs d'enfance et de jeunesse, *dont voici le début.*

Tréguier, ma ville natale, est un ancien monastère fondé, dans les dernières années du Ve siècle, par saint Tudwal ou Tual, un des chefs religieux de ces grandes émigrations qui portèrent dans la péninsule armoricaine le nom, la race et les institutions religieuses de l'île de Bretagne. Une forte couleur monacale était le trait dominant de ce christianisme britannique. Il n'y avait pas d'évêques, au moins parmi les émigrés. Leur premier soin après leur arrivée sur le sol de la péninsule hospitalière, dont la côte septentrionale devait être alors très peu peuplée, fut d'établir de grands couvents dont l'abbé exerçait sur les

***Le cloître** de la cathédrale Saint-Tugdual a été édifié vers 1470. De style gothique, c'est un quadrilatère irrégulier qui possède une voûte en bois. Ce cloître a longtemps fait office de marché, les redevances étant perçues par le clergé.*

populations environnantes la cure pastorale. Un cercle sacré d'une ou deux lieues, qu'on appelait le *minihi*, entourait le monastère et jouissait des plus précieuses immunités.

Les monastères, en langue bretonne, s'appelaient *pabu*, du nom des moines *(papæ)*. Le monastère de Tréguier s'appelait ainsi *Pabu-Tual*. Il fut le centre religieux de toute la partie de la péninsule qui s'avance vers le nord. Les monastères analogues de Saint-Pol-de-Léon, de Saint-Brieuc, de Saint-Malo, de Saint-Samson, près de Dol, jouaient sur toute la côte un rôle du même genre. Ils avaient, si on peut s'exprimer ainsi, leur diocèse ; on ignorait complètement, dans ces contrées séparées du reste de la chrétienté, le pouvoir de Rome et les institutions religieuses qui régnaient dans le monde latin, en particulier dans les villes gallo-romaines de Rennes et de Nantes, situées tout près de là.

[...] Il se forma naturellement une petite ville autour de l'évêché ; mais la ville laïque, n'ayant pas d'autre raison d'être que l'église, ne se développa guère. Le port resta insignifiant ; il ne se constitua pas de bourgeoisie aisée. Une admirable cathédrale s'éleva vers la fin du XIIIe siècle ; les couvents pullulèrent à partir du XVIIe siècle. Des rues entières étaient formées des longs et hauts murs de ces demeures cloîtrées. L'évêché, belle construction du XVIIe siècle, et quelques hôtels de chanoines étaient les seules maisons civilement habitables. Au bas de la ville, à l'entrée de la Grand'Rue, flanquée de constructions en tourelles, se groupaient quelques auberges destinées aux gens de mer.

Ce n'est que peu de temps avant la Révolution qu'une petite noblesse s'établit à côté de l'évêché ; elle venait en grande partie des campagnes voisines. La Bretagne a eu deux noblesses bien distinctes. L'une a dû son titre au roi de France, et a montré au plus haut degré les défauts et les qualités ordinaires de la noblesse française ; l'autre était d'origine celtique et vraiment bretonne. Cette dernière comprenait, dès l'époque de l'invasion, les chefs de paroisse, les premiers du peuple, de même race que lui, possédant par héritage le droit de marcher à sa tête et de le représenter. Rien de plus respectable que ce noble de campagne quand il restait paysan, étranger à l'intrigue et au souci de s'enrichir ; mais quand il venait à la ville, il perdait presque toutes ses qualités, et ne contribuait plus que médiocrement à l'éducation intellectuelle et morale du pays.

La Révolution, pour ce nid de prêtres et de moines, fut en apparence un arrêt de mort. Le dernier évêque de Tréguier sortit un soir par une porte de derrière du bois qui avoisine l'évêché, et se réfugia en Angleterre. Le Concordat supprima l'évêché. La pauvre ville décapitée n'eut pas même un sous-préfet ; on lui préféra Lannion et Guingamp, villes plus profanes, plus bourgeoises ; mais de grandes constructions, aménagées de façon à ne pouvoir servir qu'à une seule chose, reconstituent presque toujours la chose pour laquelle elles ont été faites. Au moral, il est permis de dire ce qui n'est pas vrai au physique : quand les creux d'une coquille sont très profonds, ces creux ont le pouvoir de reformer l'animal qui s'y était moulé. Les immenses édifices monastiques de Tréguier se repeuplèrent ; l'ancien séminaire servit à l'établissement d'un collège ecclésiastique très estimé dans toute la province. Tréguier, en peu d'années, redevint ce que l'avait fait saint Tudwal treize cents ans auparavant, une ville tout ecclésiastique, étrangère au commerce, à l'industrie, un vaste monastère où nul bruit du dehors ne pénétrait, où l'on appelait vanité ce que les autres hommes poursuivent, et où ce que les laïques appellent chimère passait pour la seule réalité.

C'est dans ce milieu que se passa mon enfance, et j'y contractai un indestructible pli. Cette cathédrale, chef-d'œuvre de légèreté, fol essai pour réaliser en granit un idéal impossible, me faussa tout d'abord. Les longues heures que j'y passais ont été cause de ma complète incapacité pratique. Ce paradoxe architectural a fait de moi un homme chimérique, disciple de saint Tudwal, de saint Iltud et de saint Cadoc, dans un siècle où l'enseignement de ces saints n'a plus aucune application. Quand j'allais à Guingamp, ville plus laïque, et où j'avais des parents dans la classe moyenne, j'éprouvais

Vue de Tréguier*, au confluent du Jaudy et du Guindy. Au premier plan, les tours de la ville et au loin la cathédrale, l'un des chefs-d'œuvre de l'architecture religieuse bretonne.*

***Très jeune communiante** de Pleyben-Brasparts (Finistère).*

***La croix**, au centre du cloître de la cathédrale Saint-Tugdual, provient du château de Keralio. Elle a remplacé en 1938 une statue de saint Yves, placée en cet endroit afin d'éviter qu'Ernest Renan n'y soit enterré, comme il l'aurait souhaité.*

de l'ennui et de l'embarras. Là, je ne me plaisais qu'avec une pauvre servante, à qui je lisais des contes. J'aspirais à revenir à ma vieille ville sombre, écrasée par sa cathédrale, mais où l'on sentait vivre une forte protestation contre tout ce qui est plat et banal. Je me retrouvais moi-même quand j'avais revu mon haut clocher, la nef aiguë, le cloître et les tombes du XVe siècle qui y sont couchées ; je n'étais à l'aise que dans la compagnie des morts, près de ces chevaliers, de ces nobles dames, dormant d'un sommeil calme, avec leur levrette à leurs pieds et un grand flambeau de pierre à la main.

Les environs de la ville présentaient le même caractère religieux et idéal. [...]

Un clergé sérieux, désintéressé, honnête, veillait à la conservation de ces croyances avec assez d'habileté pour ne pas les affaiblir et néanmoins pour ne pas trop s'y compromettre. Ces dignes prêtres ont été mes premiers précepteurs spirituels, et je leur dois ce qu'il peut y avoir de bon en moi. Toutes leurs paroles me semblaient des oracles ; j'avais un tel respect pour eux, que je n'eus jamais un doute sur ce qu'ils me dirent avant l'âge de seize ans, quand je vins à Paris. J'ai eu depuis des maîtres autrement brillants et sagaces ; je n'en ai pas eu de plus vénérables, et voilà ce qui cause souvent des dissidences entre moi et quelques-uns de mes amis.

J'ai eu le bonheur de connaître la vertu absolue ; je sais ce que c'est que la foi, et, bien que plus tard j'aie reconnu qu'une grande part d'ironie a été cachée par le séducteur suprême dans nos plus saintes illusions, j'ai gardé de ce vieux temps de précieuses expériences. Au fond, je sens que ma vie est toujours gouvernée par une foi que je n'ai plus. La foi a cela de particulier que, disparue, elle agit encore. La grâce survit par l'habitude au sentiment vivant qu'on en a eu. On continue de faire machinalement ce qu'on faisait d'abord en esprit et en vérité. Après qu'Orphée, ayant perdu son idéal, eut été mis en pièces par les ménades, sa lyre ne savait toujours dire que « Eurydice ! Eurydice ! ».

Ernest Renan, *Souvenirs d'enfance et de jeunesse*, Paris, Calmann-Lévy, 1883.

MON JESUS
MISERICORDE

Sur la scène se relaient sonneurs, chanteurs, avant que n'entre dans la ronde un groupe de folk ou de rock local. Dans la salle, jeunes et moins jeunes, Bretons fiers de l'être et touristes de passage tentent de suivre le rythme endiablé. Qui n'a jamais participé à un fest-noz – car on n'assiste pas à de telles fêtes, elles vous happent irrésistiblement – ne peut qu'être frappé par l'élan collectif et le mélange des genres et des générations.

Quelle autre région peut se targuer d'avoir ainsi maintenu, mieux enrichi et diffusé son héritage « folklorique »? La Bretagne a su transposer ses fêtes de nuit et de plein air, les « festou-noz » – qui venaient clôturer un labeur collectif comme les moissons – aux villes, où le lien social s'effiloche si facilement.

Ce passage s'est fait à la faveur du renouveau celtique amorcé dans les années 1950 sur fond de revendications autonomistes et de rapprochement des « cultures celtes » par-delà la Manche. Autrefois, il y avait deux Bretagne : celle où la danse était menée par les chanteurs de *kan han diskan*, ce chant interprété par deux voix qui enchaînent tour à tour les couplets, reprenant les derniers mots du comparse ; et celle où l'on dansait au son du biniou-koz, petite cornemuse typiquement bretonne, et de la bombarde, sorte de petit hautbois au son très aigu. Les cercles celtiques rassemblent chanteurs, sonneurs... et danseurs. Quant au bagad (au pluriel, des bagadou), création de l'après-guerre inspirée du *pipe band* écossais, il fait dialoguer bombardes, cornemuses à un bourdon et percussions.

Dès lors, dans les festou-noz, dont le premier organisé en salle a lieu en 1955 à Poullaouen, les danses jadis très locales s'enchaînent au cours d'une même fête. Afin d'élargir sans cesse le cercle des danseurs, la musique bretonne a dû s'ancrer dans la modernité. Dans les années 1970, les musiciens tels que le harpiste Alan Stivell et le groupe Tri Yann ont su séduire un public bien au-delà des frontières régionales. Les musiciens contemporains ont réussi à marier les influences et les rythmes. L'accordéon, la batterie et la guitare électrique se sont invités dans la danse, et le *kan han diskan* prend volontiers des accents rock, quand il ne se mâtine pas de mélopées africaines. Le même public peut ainsi chalouper toute la nuit dans les festou-noz et vibrer dans les multiples festivals éclos sur la terre de Bretagne, du Festival interceltique de Lorient aux Transmusicales de Rennes.

« Marie Madalen, du fond du passé
Le printemps ramène les longues journées
Les journées de peine dans les champs de blé
De Monsieur Étienne de Kérandoaré [...]
Mais le dimanche pendant qu'il va chasser aux
garennes de Hédé
Tu vas à Rennes, tu vas dessiner sur l'usine
un poing noir serré. »

Extrait de la *Complainte de Yuna Madalen*, paroles et musique de Tri Yann, album *Café du bon coin*, Marzelle/Phonogram-Polygram, 1983.

Des danseurs *et des musiciens en costume bigouden évoluent au festival d'Arvor de Vannes (Morbihan). Ce festival se déroule chaque année du 13 au 15 août et se termine par l'élection de la reine du pays d'Arvor et de ses dauphines (ci-dessous).*

Une musicienne *participe au festival des Filets bleus de Concarneau, qui a été l'une des toutes premières fêtes folkloriques bretonnes, puisqu'elle date de 1905 (en haut, à droite).*

Une harpiste *se produit au Festival interceltique de Lorient. Créé d'abord à Brest en 1971 sur une idée de Jean-Pierre Pichard, il a fini par élire domicile à Lorient (en bas, à droite).*

Vie pâle à Tréguier

Henri Pollès, 1909-1994

Sophie, héroïne éponyme du roman de Jean Pollès, habite une petite ville du Trégor, ville de capitaines marins. Dans sa vie, il ne se passe rien que des petites promenades, des petites visites et des petites fêtes. En contrepoint de l'intrigue amoureuse, l'étude minutieuse de la société de Tréguier constitue une chronique de mœurs, satirique et sans concession. Pour ce roman, Pollès remporta le Prix populiste en 1933.

Car Tréguier n'a aucune grande poésie : ni la montagne, c'est une colline, des coteaux, ni la mer, elle est là-bas, là-bas ; pour l'apercevoir il faut monter sur les épaules de Dieu qui lui a refusé la vue directe de son immensité, faire l'ascension d'une de ses églises ; c'est une rivière, deux ou trois rivières. Ni la forêt, c'est champs et landes et petits bois de pins ; mais quelques paysages tendres et de très vieilles et nobles pierres que ses compatriotes ne voient pas plus que l'air qu'ils respirent, et qui font un peu de beauté sur la mélancolie de Sophie.

Dans l'ensemble, la vie à Tréguier-Landréguer est trop pâle pour être triste. Même quand ils sont aisés, les Trégorois vivent comme les pauvres vivent partout, sur la terre bien terrestre. Ils tiennent trop à respecter la coutume pour contracter les habitudes des vrais vivants.

Ils se rappellent l'existence du ciel seulement quand il tonne. La pluie est du beau temps : elle fait pousser les légumes ; plus le soleil est beau, plus sûrement il passe pour du mauvais temps : il les dessèche. On ne demande pas la chaleur, la lumière pour la joie, mais pour féconder la terre et aider à la travailler. Il n'y a de fleurs dans les jardins que pour les morts, et l'on vole ceux-ci en en cueillant pour son plaisir. Celles qui poussent toutes seules, que certains étrangers prennent pour un divin présent, sont de la mauvaise herbe… On ne considère guère autrement les fleurs de l'amour, que l'on ne cultive que pour leur fruit. On gratte la mousse des

***Les maisons à pans de bois** de la rue Ernest-Renan (page de gauche) sont très représentatives de la vieille ville de Tréguier.*

***Sur cette carte postale** humoristique du début du XXe siècle, un garnement et sa mère font mentir Henri Pollès : dans les ruelles aux abords de la cathédrale, il se passe parfois quelque chose.*

toits, on arrache le lierre des murs. Les choses vieilles sont sales ; les vieux sont respectés quand leur entretien ne coûte guère.

Une belle porte est une porte peinte de frais. Une chose belle est une chose propre. Une femme propre, une femme qui sait briquer sa place. Un bel homme est un homme fort. Un jardin magnifique est un grand jardin où tout pousse bien.

Celui qui forme bien ses lettres écrit bien. Celui à qui échappe quelque poésie passe pour un fou si on ne le sauve en disant qu'il a une bonne langue. Celui qui a du goût est « difficile ». Celui qui exprime des nuances est « maniéré » ; un gourmet est une petite nature.

Quand il fait chaud, on dit que c'est l'orage ; quand une passion se déclare, on affirme que c'est de la folie. Il arrive que l'on garde des déments à la maison, en calculant que l'honneur familial sera sauf puisque le secret de la honte bien gardé, mais on se hâte de chasser de la ville les insensés d'amour avec leur égarement.

La perfection de l'homme c'est le rassemblement en un seul être de toutes les qualités ordinaires ; un homme que l'on compose autant avec l'absence des hautes qualités qu'avec le manque de défauts : l'homme qui ne boit pas, qui ne fume pas, qui ne court pas ; l'homme sans largesse ni générosité (qui ne gaspille pas) ; qui ne fait pas parler de lui, qui ne trompe pas sa femme (on ne se demande pas s'il l'aime, s'il lui donne quelque chose, pourvu qu'il ne lui prenne rien, et même pas exactement à elle, à son honneur) ; la femme parfaite c'est celle qu'on ne voit pas, qui ne parle pas, qui ne dépense pas, et dont on n'a rien à dire.

L'imagination est une maladie dangereuse. Les livres sont perte de temps et égarement de l'âme. Si vous laissez votre lampe allumée un moment après le souper pour finir un roman, on vous demande le lendemain : – Vous étiez donc malade cette nuit qu'on a vu de la lumière à votre fenêtre ?

Le plus clair de l'histoire des Trégorois est l'ensemble des cancans que les uns font courir sur les autres. Celui qui diffère des autres en quelque point est un prétentieux ; s'il se distingue par la qualité, l'originalité de son vêtement, on veut qu'il soit déguisé. Celle qui est plus belle que la moyenne est une manière de sorcière, et il faut s'en méfier, et autant que possible ne pas trop s'approcher d'elle. S'efforcer de séduire, c'est « faire des grimaces ».

Quand on est seul avec soi-même, on s'endort. La chose qu'on craint le plus, c'est qu'il vous arrive quelque chose.

Tréguier ne recèle guère de grands dangers : pas d'inondations, pas d'avalanches ; pas de serpents, pas d'animaux sauvages ; pas d'assassins ni de bandits ; pas de poignards ; mais les troubles curiosités de ceux qui pour tromper leur ennui et leur vide se glissent jusqu'au fond des vies et des cœurs, et les insinuations malveillantes, les propos méchants, parce qu'envieux ou jaloux, peuvent blesser, isoler, et même condamner à mort des purs et des innocents.

Henri Pollès, *Sophie de Tréguier*, Paris, Éditions Gallimard, 1932 ; nouv. éd. entièrement refondue : Paris, Julliard, L'Âge d'homme, 1983.

La baie de Morlaix

Michel Hérubel, 1927-2003

Romancier et historien, Michel Hérubel aimait la mer et son univers, les ports, les bateaux, les armateurs, les marins. Dans son roman, le Démon des brumes, *il nous fait découvrir une Bretagne mystérieuse qui garde la mémoire de son passé. Sabine revient sur les terres de son enfance, mais quelques événements étranges se produisent dans le village. Avec Pascal, un aventurier des mers, elle se lance dans une enquête où resurgiront des faits datant de la Seconde Guerre mondiale.*

La mort avait toujours été présente dans la vie de Sabine. Sa grand-mère était morte près de Saint-Guildec, peu de temps après avoir mis son père au monde ; sa mère, Marie, qu'elle aimait tant, s'était tuée dans un accident de voiture ; maintenant, c'était son père qui, en disparaissant, avait agrandi cet espace vide qu'elle n'avait jusqu'ici qu'entrevu : l'espace de la solitude, où tout devient nocturne.

Elle se leva et alla à la fenêtre.

Un vent frais vint lui rafraîchir le visage. Dehors, en contrebas, quatre bateaux de pêche faisaient des ronds devant la jetée en attendant que la marée montante leur permette d'accoster.

La mort de son père instillait comme une mélancolie dans sa perception de ce tableau, qui lui était pourtant familier depuis l'enfance. Que de fois ne s'était-elle pas accoudée à la fenêtre pour regarder la mer remonter, rêvassant devant

***Dourduff-en-Mer** est un petit port, au fond de la baie de Morlaix, dans l'estuaire de la rivière de Morlaix. À marée basse, un chenal permet aux bateaux de remonter depuis l'entrée de l'estuaire jusqu'au port de plaisance de Morlaix.*

l'île Blanche, la baie de Morlaix, ou s'amusant à observer les goélands criards qui volaient vers l'horizon, les rochers de Primel, le château du Taureau et l'île Callot, discrètement dominée par sa chapelle.

Était-ce le décès de son père qui avait supprimé ses souvenirs d'enfant, auxquels se substituait aujourd'hui, brutalement, la banalité d'un panorama touristique impersonnel ?

Jusqu'ici, la solitude ne lui avait pas pesé. Elle avait eu fort à faire : le suivi des cours à la fac de Rennes, puis l'enseignement, les voyages en Allemagne, en Italie, aux USA, trois liaisons sans lendemain, dont une avec un prof de Princeton spécialisé dans le Moyen Âge français, des visites régulières à Paris où elle avait des amis qui l'entraînaient à l'Opéra, dans les cinémas d'art et d'essai, dans les vernissages. Une organisation de son temps qui ne laissait pas la moindre place au spleen. Sabine avait horreur du temps perdu. C'était une « battante », comme on dit, bien que son caractère n'eût pas la moindre trace d'agressivité ; c'était plutôt une séduisante et svelte ogresse qui, à pleines dents, dévorait la vie. Tout, en elle, s'identifiait à la vie. C'était une jeune femme libérée. Mais d'un coup, là, à Ker Marie, la maison de son enfance, d'après le prénom de sa mère, dans cette maison pleine d'instants inoubliables, tissés de rêves et empreints du sentiment parfait d'être au centre du bonheur, d'être aimée par sa mère et sans doute par un père trop silencieux, elle se sentait abandonnée. Seule. Il lui semblait que tous ces morts, ses grands-

Pêcheur *de Plougastel (Finistère), coiffé du célèbre bonnet ruz.*

parents, sa mère, son père, en la quittant, avaient approfondi son isolement. Il lui restait Jeannie et la mer, monotone et lointaine.

Sabine se secoua. Jeannie avait préparé le déjeuner. L'après-midi, les deux femmes s'absorbèrent dans l'inévitable paperasserie : prévenir les pompes funèbres, la mairie, monsieur le curé, faire passer un avis de décès dans les annonces nécrologiques de *Ouest-France* et du *Télégramme*, téléphoner au notaire. Découvrir avec lui l'héritage, les legs, les donations, les intérêts, en un mot l'argent, ce moloch qu'elle connaissait mal.

Avant qu'il ne se retire définitivement à Saint-Guildec, le docteur Renan s'était constitué une importante clientèle. Respecté pour son savoir et sa charité – d'aucuns l'avaient surnommé « le médecin des pauvres » –, il jouissait d'une renommée qui s'était étendue bien au-delà du pays léonard, dans le Trégor ; des malades venaient le consulter de Tréguier, de Guingamp, de Lesneven et même de Brest. Sa brève carrière de médecin n'en avait pas fait un homme riche, mais de sa femme il avait hérité un pactole qu'elle tenait de son père, le riche pharmacien morlaisien, Julien Marquette. Aussi, quand maître Daniélou, un familier de Renan, apprit la nouvelle, il proposa sur-le-champ à Sabine un rendez-vous le lendemain matin.

Cette marque d'amitié et de sollicitude de la part du notaire toucha Sabine.

Michel Hérubel, *le Démon des brumes*, Paris, © Presses de la Cité, un département de Place des Éditeurs, 2002.

La baie de Morlaix, *vue de Carantec, avec au premier plan l'île Louët et son phare, qui s'est allumé pour la première fois au soir du 31 mars 1860, et au second plan le château du Taureau, bâti au* XVI*e siècle et entièrement reconstruit par Vauban au* XVII*e.*

Les deux églises extrêmement remarquables de Saint-Pol-de-Léon

PROSPER MÉRIMÉE, 1803-1870

Mérimée dresse un inventaire minutieux, qui n'a pu être retenu ici dans son intégralité, des deux célèbres églises de Saint-Pol-de-Léon. La cathédrale bénéficiera, comme beaucoup d'autres édifices inventoriés par Mérimée, de subventions dans les années qui suivront sa tournée.

***Au VIe siècle**, le moine gallois Paul Aurélien, devenu premier évêque du diocèse du Léon, donna son nom à la ville. La cathédrale (page de droite) fut construite à partir du XIIe siècle sur les ruines d'une église romane détruite par les Danois.*

Saint-Pol-de-Léon renferme deux églises extrêmement remarquables : la cathédrale et Notre-Dame-du-Creizker.

De la route de Morlaix l'aspect de la ville est très pittoresque. La haute tour du Creizker, surmontée d'une flèche élancée, travaillée à jour, la domine, et semble se lier à la cathédrale dont on aperçoit en même temps le toit et les deux clochers. Plus loin, à l'orient de celle-ci, on découvre une autre tour, mince et svelte comme un minaret, qui, bien que fort moderne, se marie assez heureusement à distance avec les clochers gothiques. On dirait que toute la ville n'est qu'une immense église, et il y faut entrer pour reconnaître son erreur.

La cathédrale, consacrée à saint Pol, est un bel édifice gothique, dont le plan a malheureusement perdu sa régularité primitive par des additions et des réparations considérables. Ainsi la construction d'une chapelle sur le côté sud de la nef, et l'élargissement des chapelles du chœur ne permettent pas de saisir d'un coup d'œil l'ensemble du monument. Ce défaut, qui frappe d'abord lorsqu'on examine l'extérieur de l'église, est moins sensible à l'intérieur. En effet ces constructions ajoutées ne s'aperçoivent que de certains points ; encore faut-il qu'une espèce de raisonnement en vienne démontrer l'irrégularité.

[...] Voici les seuls renseignements historiques que j'aie trouvés sur la cathédrale de Saint-Pol. Inutile de parler de sa fondation par Conan Mériadec, qui vivait au IVe ou Ve siècle. Au Xe, les Normands dévastèrent l'église. Restaurée peu après, elle tombait en ruines au commencement du XVe siècle, époque à laquelle elle aurait été démolie, puis rebâtie telle que nous la voyons aujourd'hui.

Il n'y a aucune apparence que les piliers romans que j'ai décrits soient des restes de l'église du Ve siècle. À mon sentiment, on ne peut les reporter plus loin que le milieu du XIIe siècle. Quant à la nef, si l'on en excepte les voûtes, la décoration prétentieuse du tympan de quelques fenêtres, et peut-être les chapiteaux d'un très petit nombre de piliers, ainsi que la chapelle et le porche méridional, je ne doute pas qu'elle n'appartienne tout entière au XIIIe siècle. De cette même époque datent la façade occidentale et les tours, moins leurs flèches. Le chœur sera du XVe, et la construction sans doute en aura duré assez longtemps pour que les galeries et les fenêtres n'aient été terminées qu'au XVIe siècle. Je ne crois pas en effet qu'on puisse assigner une autre date à ces parties remarquables par la bizarrerie de leur ornementation.

[...] L'église de Notre-Dame-du-Creizker (mot à mot : du milieu de la ville) a été bâtie à la fin du XIVe siècle par le duc Jean IV, sur les ruines d'une chapelle beaucoup plus ancienne et qui portait le même nom. Restaurée maladroitement depuis peu d'années, elle n'offre plus rien d'intéressant à l'intérieur, à l'exception des quatre piliers qui servent de base à son clocher. Lorsque l'on compare leur légèreté avec la hauteur immense de la tour qu'ils soutiennent, on a peine à concevoir que cette énorme masse repose sur des fondements aussi frêles en apparence. Le clocher, haut sur sa flèche de trois

***Porche sud** de la cathédrale, dit porte des Catéchumènes.*

cent soixante-dix pieds, est remarquable par sa légèreté et l'élégance de sa décoration. Il est carré et percé sur chaque face de deux fenêtres en ogive, entourées, comme celles de la façade de la cathédrale, d'une profusion de moulures arrondies. En sortant du toit de la nef, la tour présente deux arcatures ogivales l'une au-dessus de l'autre, séparées par une moulure et comprises toutes les deux dans un encadrement rectangulaire. Dans l'arcature inférieure, qui est à jour, chaque ogive est encadrée elle-même par des moulures perpendiculaires. L'arcature supérieure est seulement figurée. Les deux fenêtres s'ouvrent au-dessus. On ne saurait disconvenir que le clocher du Creizker n'ait une grande apparence de légèreté ; mais je trouve que dans ce cas c'est un abus. Cette base découpée, si frêle, me déplaît, surmontée qu'elle est d'une masse pleine et lourde. C'est un vice réel en architecture que de ne pas respecter la vraisemblance ; et la solidité de la construction, bien que prouvée par sa durée, n'est pas évidente au premier coup d'œil. Il faut que le raisonnement vienne la démontrer, et c'est un grave défaut. Les moulures perpendiculaires qui encadrent les deux arcatures, sont une imitation évidente du style anglais, et en effet, la tradition attribue à un architecte anglais la construction de cette tour. Une moulure très riche, surmontée d'une balustrade, en couronne le sommet. De la plate-forme s'élève une longue flèche découpée à jour et flanquée de quatre clochetons fort légers. Des colonnettes minces, disposées en carré, soutiennent un massif conique surmonté d'un second étage octogone et à jour. L'amortissement est formé par une pyramide aiguë. Il m'a paru que la transition entre la base carrée et le massif conique n'était pas d'un effet agréable. Sur chaque face de la flèche, entre deux clochetons, s'ouvre une fenêtre surmontée d'un fronton aigu. Cet entourage, trop important peut-être, nuit un peu à la flèche elle-même et lui ôte de sa légèreté. – On dit que les tours de la cathédrale ont été imitées de celles du Creizker. À ce compte elles seraient du XVe siècle. Mais il suffit de les comparer pour voir combien elles diffèrent en réalité, et dans les premières tous les antiquaires reconnaîtront le style du XIIIe siècle. Il se peut, et je suis porté à le croire, que les flèches de Saint-Pol soient copiées de celles du Creizker. Elles ont en effet une grande ressemblance de style avec celles-ci ; elles n'en diffèrent même que par leur moindre proportion et par la forme de leurs clochetons, beaucoup plus simples et qui me semblent plus élégants.

Le portail septentrional de Notre-Dame est orné avec un goût exquis. Malgré les mutilations dont il porte partout les traces, c'est encore un des types les plus élégants du dernier gothique fleuri. Quelques petites statuettes, échappées par miracle, m'ont frappé par la naïveté de leur pose et la finesse de leur exécution. On retrouve là d'ailleurs le même style d'ornementation, je pourrais dire les mêmes végétaux, qu'au portail méridional de la cathédrale. Toutefois, le reproche que je faisais aux ornements de ce dernier d'être comme isolés et de manquer d'ensemble, n'est pas applicable ici : à un admirable fini dans tous les détails se joint un bel effet de décoration générale. L'ensemble plaît de loin, et de près on étudie avec plaisir les charmantes minuties qui le composent.

Prosper Mérimée, *Notes d'un voyage dans l'ouest de la France*, Paris, Hachette, 1836. *Notes de voyages* rassemblées par P.-M. Auzas, Paris, Hachette, 1971 ; rééd. Paris, Adam Biro, 1989.

Au vieux Roscoff

Tristan Corbière, 1845-1875

Né à Ploujean, près de Morlaix, Corbière, qui se prénommait Édouard Joachim, passa sa vie à Roscoff. Les habitants du village le surnommaient l'Ankou, c'est-à-dire le spectre de la Mort, en raison de sa maigreur et de son allure disloquée. Son recueil de poèmes, les Amours jaunes, *publié à compte d'auteur en 1873, sera découvert dix ans plus tard grâce à un article de Verlaine dans ses* Poètes maudits. *Les poèmes sont ordonnés en sept chapitres, et « Armor » et « Gens de mer » réunissent les pièces d'inspiration bretonne.*

Au vieux Roscoff
Berceuse en Nord-Ouest mineur

Trou de flibustiers, vieux nid
À corsaires ! – dans la tourmente,
Dors ton bon somme de granit
Sur tes caves que le flot hante…

Ronfle à la mer, ronfle à la brise ;
Ta corne dans la brume grise,
Ton pied marin dans les brisans…
– Dors : tu peux fermer ton œil borgne
Ouvert sur le large, et qui lorgne
Les Anglais, depuis trois cents ans.

– Dors, vieille coque bien ancrée ;
Les margats et les cormorans
Tes grands poètes d'ouragans
Viendront chanter à la marée…

La vieille ville *de Roscoff, sur laquelle veille l'étonnant clocher à lanternons Renaissance de l'église Notre-Dame-de-Croas-Batz.*

__Au XVIe siècle__, les corsaires, à l'instar des négociants et des armateurs, ont bâti le cœur historique de Roscoff.

– Dors, vieille fille-à-matelots ;
Plus ne te soûleront ces flots
Qui te faisaient une ceinture
Dorée, aux nuits rouges de vin,
De sang, de feu ! – Dors… Sur ton sein
L'or ne tondra plus en friture.

– Où sont les noms de tes amants…
– La mer et la gloire étaient folles !
Noms de lascars ! noms de géants !
Crachés des gueules d'espingoles…

– Où battaient-ils, ces pavillons,
Écharpant ton ciel en haillons !…
– Dors au ciel de plomb sur tes dunes…
Dors : plus ne viendront ricocher
Les boulets morts, sur ton clocher
Criblé – comme un prunier – de prunes…

– Dors : sous les noires cheminées,
Écoute rêver tes enfants,
Mousses de quatre-vingt-dix ans,
Épaves des belles années…

Il dort ton bon canon de fer,
À plat-ventre aussi dans sa souille,
Grêlé par les lunes d'hyver…
Il dort son lourd sommeil de rouille.
– Va : ronfle au vent, vieux ronfleur,
– Tiens toujours ta gueule enragée
Braquée à l'Anglais !… et chargée
De maigre jonc-marin en fleur.

Tristan Corbière, *les Amours jaunes*, Paris, Glady Frères, Librairie du XIXe siècle, 1873.

Vue de la vieille rade *de Roscoff. Le nouveau port, construit un peu plus loin, est aujourd'hui tourné vers la Grande-Bretagne et l'Irlande. C'est de là que part l'armada de la Brittany Ferries, compagnie maritime créée par un ancien syndicaliste paysan, Alexis Gourvennec.*

Bretagne, terre

du bout du monde

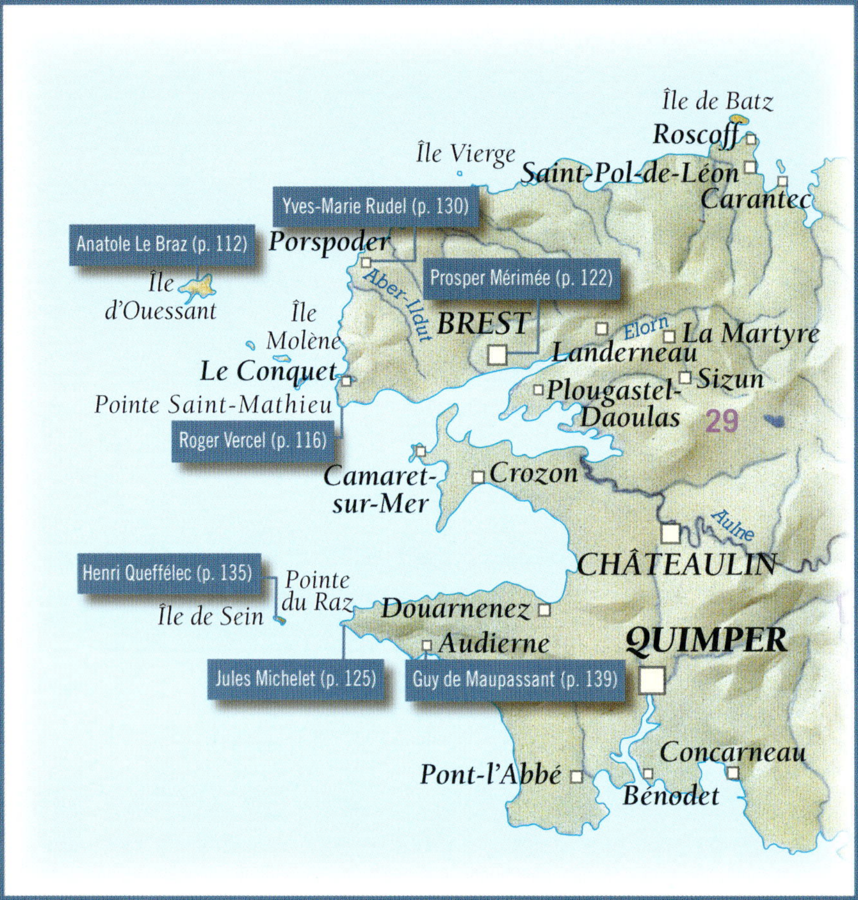
Île de Batz
Roscoff
Île Vierge
Saint-Pol-de-Léon
Carantec
Yves-Marie Rudel (p. 130)
Anatole Le Braz (p. 112)
Porspoder
Prosper Mérimée (p. 122)
Île d'Ouessant
Île Molène
Aber-Ildut
BREST
Elorn
La Martyre
Landerneau
Le Conquet
Plougastel-Daoulas
Sizun
Pointe Saint-Mathieu
29
Roger Vercel (p. 116)
Camaret-sur-Mer
Crozon
Aulne
CHÂTEAULIN
Henri Queffélec (p. 135)
Pointe du Raz
Île de Sein
Douarnenez
Audierne
QUIMPER
Jules Michelet (p. 125)
Guy de Maupassant (p. 139)
Concarneau
Pont-l'Abbé
Bénodet

L’ouest du Léon et de la Cornouaille, c’est la fin de terre, le Finistère, là où la région pointe dans la mer, là où elle doit affronter, parfois, les éléments déchaînés. Face à la pointe Saint-Mathieu, Ouessant et l’archipel de Molène. Face à la pointe du Raz, l’île de Sein. Entre les deux, Brest dans sa rade, la presqu’île de Crozon et Douarnenez. La rudesse de la vie maritime inspire à Jules Michelet, Anatole Le Braz, Guy de Maupassant, Roger Vercel et Henri Queffélec leurs pages les plus lyriques. Prosper Mérimée poursuit à Brest son inventaire des monuments historiques. Quant à Yves-Marie Rudel, auteur d’une œuvre romanesque abondante marquée par le régionalisme, il campe un personnage fortement typé de la société rurale, un pêcheur de goémon sur la côte de Porspoder.

Double page précédente
Brest 96 *fut l’un des plus grands rassemblements de vieux voiliers au monde : plus de 2 600 s’y retrouvèrent.*

Lever de soleil sur Ouessant

Anatole Le Braz, 1859-1926

Le récit d'Anatole Le Braz, le Sang de la sirène, *s'inspire de la croyance en ces créatures mi-femmes, mi-déesses marines. Attirées par les pêcheurs ouessantins, elles recherchent leur alliance pour ce qu'elles croient être le meilleur et qui se révèle être le pire. Marie-Ange serait-elle de la race des sirènes ?*

La ligne du continent, vers l'est, se découpait en un âpre relief, avec une netteté d'eau-forte. Un mince liseré d'or pâle dessinait jusqu'en ses moindres saillies l'échine sombre des grands promontoires lointains. Toute l'énergie à la fois tenace et stérile de la terre bretonne se révélait dans ces hautes masses, sabrées d'entailles profondes, et que la pourpre des porphyres marbrait de taches ensanglantées. Coren, Kermorvan, Saint-Mathieu, d'autres pointes encore barraient les confins de l'espace, pareilles à d'énormes carènes où des figures énigmatiques de roches s'érigeaient en guise d'aplustres. Leurs ombres, balancées par la houle, ondulaient doucement à leur pied. Elles nous suivirent quelque temps de la sorte ; puis, le soleil ayant franchi leur crête, elles fondirent,

comme consumées par l'incendie céleste, et nous n'eûmes plus dans les yeux que l'éblouissement divin de la mer.

Qui peindra jamais avec des mots la magie d'un lever de soleil sur l'océan? Des irisations merveilleuses couraient à la cime des vagues. Nous nous faisions l'effet de voguer sur des eaux féeriques, à travers un amoncellement invraisemblable de pierreries en fusion. On eût dit un satin transparent, déroulé à l'infini, une de ces étoffes dont parlent les contes, qui sont tissées avec des rayons et constellées de gemmes par myriades.

Je regardais en extase, comme si j'eusse été admis à contempler pour la première fois la fête de lumière que donne au monde le soleil naissant.

– Est-ce assez beau, cela ! s'écria Marie-Ange.

Elle s'était dressée sur le rouf, sa jupe claquant à la brise, ses mains jointes en un geste d'adoration. Ainsi devaient prier, en ces mêmes parages, les prêtresses des anciens rites. L'ayant vue se signer, comme après une oraison mentale, je lui demandai :

– Vous saluez l'astre, Marie-Ange ?

– Non, me répondit-elle, c'est parce que nous entrons dans le Fromveur[1]... Tenez ! Balanec et Bannec ont glissé derrière nous.

Deux îlots verts, deux émeraudes enchâssées dans de l'or fluide, venaient, en effet, de passer au vent de la *Louise,* et presque aussitôt la marche du steamer devint plus saccadée, plus haletante, comme entravée par des flots plus lourds. On entendait, sous le pont trépidant, s'époumoner la machine. Je me penchai sur le bordage. Des lames courtes et trapues se ruaient avec une obstination de béliers contre le flanc du navire, lui arrachaient des plaintes sourdes, un gémissement caverneux. Des convulsions étranges secouaient la mer. Çà et là des trous se creusaient, des entonnoirs béants, de vastes puits d'abîme. Ils se comblaient d'ailleurs aussi vite, et c'étaient alors des accalmies soudaines, de larges champs d'ondes apaisées, réfléchissant comme des glaces immenses la splendeur du ciel. Je me remémorai les légendes qu'au temps de mon enfance

***Peuplée de 1 000 habitants**, l'île d'Ouessant, longue de 7 km et large de 4 km, est rabotée depuis des millénaires par l'érosion (la plus haute colline culmine à 60 m).*

1. Chenal qui sépare Ouessant de Molène.

***À la pointe** de Créac'h, un phare, édifié en 1862, commande l'entrée de la Manche. Avec une portée de 50 km, c'est l'un des plus puissants du monde.*

des long-courriers du Trégor m'avaient contées sur le Fromveur.

Les sirènes, disaient ces hommes ingénus, initiés à tous les mystères de leur élément, les sirènes ont là leur palais. Là, elles habitent, vierges éternelles, tourmentées de désirs sans fin qu'elles s'efforcent vainement d'assouvir, car les lèvres des fils des hommes où elles voudraient boire l'amour se ferment, mortes, sous leur baiser. Déçues la veille, elles recommencent le lendemain. Les vagues sont leurs pourvoyeuses. Mais plus encore que les vagues il faut craindre ces longues écharpes flottantes qui moirent de leur azur glauque les eaux inquiètes et rebroussées du Fromveur. Ce sont les ceintures des fées mauvaises: malheur à qui se laisse envelopper dans leurs souples enlacements!...

– Croyez-vous aux sirènes, Marie-Ange?

J'avais posé cette question très en l'air, sans y attacher d'autre importance, et je ne m'attendais certes pas au trouble qui saisit la jeune femme. Elle pâlit visiblement, sa bouche se plissa, ses beaux yeux de clarté se rembrunirent. J'avais touché, à mon insu, quelque point douloureux de son être.

– Pourquoi me demandez-vous cela? fit-elle d'un accent quasi farouche.

– Oh! pour rien, en vérité... Les gens de chez moi racontent sur ce Fromveur des choses si singulières!

– De quelle Bretagne êtes-vous donc?

– De l'Armor trégorrois.

– Le pays du pain blanc, à ce qu'il paraît...

Je n'eus point à m'excuser de l'avoir blessée involontairement. Convaincue de la pureté de mes intentions, elle avait repris son sourire. Ces Bretonnes des îles ont une âme changeante comme leur mer. Marie-Ange se mit à m'interroger sur le Trégor, qu'elle ne connaissait que par ouï-dire, mais qu'elle se représentait comme une terre de délices, une terre fortunée, blonde d'épis, toute bruissante du murmure des feuillages et du chant des ruisseaux. Puis vint le tour de sa patrie à elle, la Thulé des

Gaules, la sauvage et poétique Eûssa.

– Dans un instant, prononça-t-elle, vous la pourrez embrasser toute.

Ce ne fut d'abord qu'une estompe légère, à peine indiquée sur l'horizon et qui tremblait, indécise, dans les fonds vibrants du ciel. Peu à peu l'image se précisa, se matérialisa en quelque sorte. Une arête hardie courut parallèlement à la ligne des eaux. Des détails colorés surgirent, des pans de granit ouvragés comme des bas-reliefs colossaux et couronnés d'une frise d'herbe rousse. Cela donnait l'idée d'une gigantesque table de gazon portée sur de formidables assises de pierre et faisait penser à quelque autel primitif, dédié par des prêtres barbares au culte du vieil océan.

Anatole Le Braz, *le Sang de la sirène*, Paris, Calmann-Lévy, 1901.

Ce marin breton chantait peut-être ce couplet avant d'affronter la mer : « De la mer en son tourment/ D' Molène à Ouessant/ Quand souffle le vent/ L'tonnerre de Brest est tombé/ Pas du bon côté (Fanny de Laninon).

Au large de la pointe Saint-Mathieu

Roger Vercel, 1894-1957

Le monde maritime est au centre de l'œuvre de Roger Vercel. Six ans après sa publication, son roman Remorques *est porté à l'écran en 1941 par Jean Grémillon. Le héros, Renaud, est capitaine du* Cyclone, *un remorqueur de sauvetage condamné à affronter les tempêtes, les courants et les récifs de l'Iroise, entre Ouessant et Sein.*

C'était un vapeur anglais qui avait annoncé laconiquement : « Feu à bord ». Il était six heures du soir, la pluie avait cessé. L'étrave froissait une mer opaline, et le ciel de mai était redevenu extraordinairement clair. La pointe des Espagnols plongeait, sous les larges ondulations des houles, son avant oblique. Les bois de pins la couronnaient d'une frange vert bronze, et quand le *Cyclone* la doubla, les rocs y relevaient un long mur rose où le couchant creusait de profondes enfonçures d'ombre violette. Puis, on dépassa le Petit-Minou, son phare trapu, son fort déclassé où s'est installé un hôtel agrémenté d'un pont-levis absurde.

Au sud de Saint-Mathieu, le phare du Vieux-Moine s'alluma dès qu'on l'eut doublé. Il redevenait une lampe, après avoir été, tout le jour, un ermite de pierre, à capuchon de zinc. Puis au-dessus de Renaud, dans le ciel, quelque chose tourna. Ce n'était pas encore une lueur, mais un rayon d'air doré qui traçait, dans le soir clair, un vaste cercle : le phare-balai de Saint-Mathieu.

De la passerelle, Renaud distingua, comme si elle eût été toute proche, la face navrée de la femme qui, sur le haut pylône dédié aux marins disparus, ne regarde point le large, mais attache

***Le phare du Petit-Minou** est installé sur la côte nord du goulet de Brest. Entré en service en 1848, il indique l'entrée de la rade.*

ses yeux baissés aux cadavres de ses fils morts. Cette figure dressée au-dessus de l'Océan, lavée par la vague, insultée par l'écume et dont le regard dédaigne la mer, Renaud ne la comprenait pas, ne pouvait la comprendre. Il trouvait laide sa grimace de vieille, et pensait comme ce pêcheur de la Pointe qui lui avait dit un jour en lui montrant le pathétique visage : « Dire qu'ils ont dépensé plus de deux cent mille francs pour faire ça ! »

Autre chose occupait son esprit dans ce crépuscule, le plus lumineux et le plus tranquille à coup sûr de tous ceux où le *Cyclone* avait été appelé en mer : le clignement des phares, la lueur rigide des feux fixes, ceux qui restent allumés, de jour comme de nuit, sur des écueils où ne consent à vivre aucun gardien, énormes lampes qui plongent leur mèche dans le ventre du roc, dans un réservoir contenant du pétrole pour six mois et que le baliseur des Ponts et Chaussées vient remplir deux fois l'an. Leur nombre, dans cet air pur où ils étaient tous distincts, émerveillait Renaud. Lors des sorties du *Cyclone*, sorties de nuit, chaque phare, chaque feu devenait une conquête sur la mer, le vent, la pluie, l'ombre opaque. On l'attendait, on « l'espérait » comme disent les marins, on guettait avec des yeux que meurtrissait l'effort, le point obscur où il devait apparaître à travers l'écran brutal des lames et la profondeur dense de la nuit. Leur retard emplissait l'âme d'inquiétude et de doute. Ne les point découvrir, ou voir le feu rouge que l'on attendait à sa droite saigner brusquement à bâbord, c'était la perte du bateau et la mort pour trente hommes. Il fallait comme les mériter l'un après l'autre... Or, ce soir, ils s'offraient tous ensemble et Renaud oubliant un instant leur position, leur sens, le rythme de leurs éclats qui est comme leur nom jeté à toutes les aires du large, Renaud admirait que la mer fût à ce point peuplée de lumières actives. Les dangers qu'elles couronnaient sur-

***Le remorqueur** de haute mer* Abeille Flandre *a assuré la sécurité au large des côtes de Brest de 1978 à 2005. Disponible en vingt minutes, il appareillait dès que le vent dépassait les 25 nœuds à Ouessant. Il s'est notamment illustré au moment du naufrage de l'*Erika*, en décembre 1999.*

Les canots de sauvetage *remplirent leur mission jusqu'à l'arrivée des bâtiments à moteur.*

gissaient de partout, enfermaient le *Cyclone* dans ce redoutable chenal du Four, un des cimetières marins les plus peuplés du monde. Mais ces feux n'étaient, pour le capitaine, que les pièces éclatantes d'un échiquier où il jouait à coup sûr et avec plaisir, ce soir !

Lorsque, la nuit venue, le *Cyclone* doubla les Platresses, et qu'il eut, devant lui, la mer libre pour monter vers le bateau en feu, Renaud cessa de s'appliquer tout entier à la route. Le ciel était jonché d'étoiles et l'air si calme que le briquet qu'il alluma ne s'éteignit pas même dans le vent de la course. Le capitaine songea tout naturellement, en contemplant la nuit, qu'il avait vraiment de la chance de trouver si tôt une occasion de revanche, car le temps était déjà celui de la morte-saison et l'on ne pouvait raisonnablement espérer avant juillet l'appoint des grands incendies.

On atteignit à l'aube le bateau en feu. Il n'y avait que lui sur la mer. Il s'y tenait droit, à peine marquait-il une légère bande à tribord. Toute la nuit on l'avait attaqué par t.s.f., sans qu'il répondît. Une colonne de fumée épaisse montait de l'avant, toute droite dans le matin calme : de la fumée encore errait sur ses flancs, se traînait le long des tôles. Il avait le feu dans le ventre, ce feu sourd qui mine les bateaux, lentement, comme s'il était allumé dans un four, un feu qui descend, alors que tous les incendies montent, et qui va chercher de quoi manger jusqu'au fond des cales. De loin un bateau qui brûle n'est qu'un bateau qui fume de partout, une source colossale de fumée. Ses formes ne sont point altérées, ses superstructures sont debout. Il n'y a qu'à l'approche que la ruine flottante se révèle crevée, tordue, affouillée par la flamme.

Roger Vercel, *Remorques*, Paris, Albin Michel, 1935.

Le phare de la pointe Saint-Mathieu *semble jaillir des ruines d'une abbaye bénédictine du XVI*e *siècle. Achevé en 1835, il remplaça la tour de feu (au second plan), qui servait autrefois à guider les marins en haute mer.*

Au Guilvinec, il n'y a plus de marins en sabots sur les quais, pas plus que de femmes en coiffe sur les chaînes des conserveries, et à la criée, bien silencieuse, les ventes s'effectuent par enchères électroniques. Le retour des bateaux demeure pourtant un événement quotidien dans ce port du pays bigouden qui forme, avec les ports voisins de Lesconil, de Loctudy, de Saint-Guénolé et de Bénodet, le premier quartier maritime de France. Les langoustines, les lottes, les raies, les merlans et les sardines que débarquent les quelque 1 300 marins inscrits font de la criée du Guilvinec la deuxième de France, après celle de Boulogne-sur-Mer, le plus grand port de pêche français, dans le Pas-de-Calais, et avant celle de Lorient, deuxième port de pêche français et premier port breton.

À travers la rivalité de rang entre Lorient et le quartier maritime du Guilvinec se lisent les tensions et les défis auxquels la pêche bretonne est confrontée.

« La flottille des Paimpolais était éparse sur ce miroir tranquille, animant ce désert. Çà et là, paraissaient les petites voiles lointaines, déployées pour la forme puisque rien ne soufflait, et très blanches, se découpant en clair sur les grisailles des horizons. Ce jour-là, ç'avait l'air d'un métier si calme, si facile, celui de pêcheur d'Islande ; – un métier de demoiselle. »

Pierre Loti, *Pêcheur d'Islande*, Paris, Calmann-Lévy, 1886.

Pêcheur de Houat *(en haut). Sur cette île, la pêche est la seule activité économique, comme le dit sa devise :* Ag er mor e viuamb *(De la mer nous vivons).* ***Casiers de pêche*** *(en bas) pour prendre des tourteaux, des homards, des étrilles, des crevettes et des langoustes.*

Au milieu des courants *du raz de Sein, un marin-pêcheur traque le bar. À cet endroit, la force du courant est telle, au plus fort coefficient de marée, qu'une chute à l'eau pardonne rarement, même pour un marin équipé d'un ciré flottant.*

LA PÊCHE BRETONNE

contre vents et marées

À Lorient prédomine la pêche industrielle : la moitié des bateaux porte le logo d'un groupe de la grande distribution et pêche en haute mer. En pays bigouden prévaut le modèle breton de la pêche artisanale : le patron est le propriétaire embarqué de son bateau et les deux tiers des embarcations pêchent dans les eaux côtières.

En effet, au-delà de l'épopée des « pêcheurs d'Islande », de ces terres-neuvas qui, partant de Saint-Malo ou de Paimpol pour de longues semaines, allaient affronter les tempêtes de l'Atlantique Nord pour pêcher la morue sur le grand banc de Terre-Neuve, la Bretagne littorale a toujours vécu des richesses de la mer proche (bar, sole, coquille Saint-Jacques), la récolte du goémon et la pêche à pied complétant la pêche côtière.

Au cours du XIXe siècle et au début du XXe, il y eut aussi la grande époque de la pêche saisonnière, qui entraînait les bateaux bretons le long du littoral atlantique, des îles Britanniques au Sénégal. Thons, sardines et maquereaux étaient vendus directement aux conserveries. Aujourd'hui, Concarneau est l'un des rares ports à maintenir la tradition de la pêche thonière.

Après la Seconde Guerre mondiale, désireux de s'affranchir de l'emprise des industriels de la conserverie, les pêcheurs bretons développèrent la pêche fraîche. Le port de Lorient, créé en 1927 par l'État français, avait entamé cette mutation dès avant la guerre, donnant ainsi l'exemple. Les patrons pêcheurs, après avoir troqué la voile pour le moteur Diesel, investirent lourdement dans de modernes chalutiers. Mais la concurrence des voisins européens et celle des produits d'importation alimentant les rayons de surgelés ont fait chuter les cours. La surpêche, réponse désespérée pour tenter de maintenir les gains et payer les emprunts, n'a fait qu'aggraver la crise. La pêche bretonne demeure la première de France, concentrant 40 % de la flotte de pêche nationale et employant près de la moitié des pêcheurs français. Mais les bateaux et les hommes vieillissent, et sur les quais, on débarque toujours moins de poissons et de crustacés.

Tout est moderne à Brest

Prosper Mérimée, 1803-1870

Les notes de voyage de Mérimée sont un descriptif précis des richesses archéologiques, des monuments, des églises et des châteaux des régions visitées, descriptif où se mêlent des réflexions d'ordre beaucoup plus personnel, comme en témoigne ce court extrait. Pour Mérimée, à l'instar de beaucoup de voyageurs du XIX*e siècle, il semble que, en Bretagne, le temps se soit arrêté.*

Excepté les fortifications du château, tout est moderne à Brest ; Louis XIV et Vauban y ont tout fait. Il me semble que les environs de Brest peuvent donner une idée de la France sous le grand roi. Des chaumières misérables et des églises bâties avec soin, mais d'un goût détestable ; çà et là quelques grands manoirs mal tenus, rarement visités par leurs propriétaires ; en un mot, l'apparence du luxe voisine de celle de la misère. Le costume des paysans n'a pas changé, je crois, depuis que Vauban le leur apporta. Ils ont un habit noir à

grandes basques, avec de larges culottes plissées, et un chapeau à grands bords. En tout point ils rappellent les costumes des bourgeois de Vander-Meulen.

Dans le château, modifié comme tous les édifices militaires par des constructions successives, je n'ai pas vu un seul pan de muraille qui m'ait paru antérieur au XIIe siècle. La tour, à laquelle on a donné le nom de César, appartient incontestablement au XIIIe. Ses murs sont remarquablement épais. Bien que cylindrique à l'extérieur, son plan à l'intérieur représente un polygone. Des mâchicoulis couronnent la plate-forme ; mais, à la différence de leur appareil, je présume qu'ils ont été ajoutés postérieurement. Il faut noter la disposition de l'escalier contenu dans une tourelle tangente à la tour. Dans le nord et dans l'ouest de la France, les cages d'escalier se trouvent presque toujours en dehors. Les tours carrées du Midi, au contraire, ont, en général, leurs escaliers à l'intérieur.

Le donjon, fort délabré, a souffert non seulement du temps, mais des dispositions adoptées par Vauban pour le mettre en état de défense.

Les angles aigus *du château de Brest (à gauche) sont dus à sa forme trapézoïdale. Ce monument majeur fut achevé par Vauban au XVIIe siècle.* ***L'enceinte du château*** *(ci-dessus) abrite la préfecture maritime de l'Atlantique et le Musée naval.*

***La rue de Siam** vers 1900. En 1686, des ambassadeurs du royaume de Siam la remontèrent dans le plus grand apparat, d'où son nom. Détruite pendant la guerre de 39-45, cette rue est révélatrice de la façon dont la ville a été reconstruite.*

***L'école navale** de Brest (ci-dessous).*

Son couronnement a été rasé et l'intérieur plus ou moins altéré. Contrairement à une règle presque générale de la fortification du Moyen Âge, ce donjon est complètement isolé de l'enceinte extérieure du château. Quoique presque toutes les parties ornées de détails caractéristiques, les fenêtres et les portes particulièrement, m'aient paru du XIVe et XVe siècle, je ne doute pas que longtemps auparavant une forteresse n'existât au même lieu. Je ne puis m'expliquer autrement des portions de muraille d'un appareil très grossier, des arcatures en plein cintre et plusieurs autres restes d'une époque plus reculée. Les édifices constamment habités changent d'aspect à mesure que leurs possesseurs se conforment aux goûts et aux progrès de leur époque. Il y a des souterrains profonds dans l'intérieur du donjon et un labyrinthe de passages et de corridors étroits, dont on a peine à comprendre la destination. On assure que dans les caveaux on a trouvé des ossements humains. L'existence des oubliettes n'est malheureusement pas contestable, et il se peut que plus d'une victime ait trouvé la mort dans celles de Brest.

Prosper Mérimée, *Notes d'un voyage dans l'ouest de la France*, Paris, Hachette, 1836. *Notes de voyages* rassemblées par P.-M. Auzas, Paris, Hachette, 1971 ; rééd. Paris, Adam Biro, 1989.

Brest et la côte

Jules Michelet, 1798-1874

*Dans le deuxième volume de l'*Histoire de France*, paru en 1833, Michelet brosse un tableau général des provinces françaises, qu'il entend comme « une géographie un peu géologique, une histoire de la terre qui amènerait à l'histoire humaine ». Dans ces lignes consacrées à Brest et à sa côte éclate le lyrisme si emblématique de l'écriture de Michelet.*

La rade de Brest *est longue de 150 km. Vers 1890, il était possible de passer d'une rive à l'autre grâce aux bacs (au centre).*

Arrivée des bateaux *de pêche à Brest (ci-dessus). De nos jours, la pêche ne compte plus guère dans cette ville qui possède, outre un port militaire, un port de commerce très important et l'un des plus grands ports de plaisance de la Bretagne.*

À l'autre bout, c'est Brest, le grand port militaire, la pensée de Richelieu, la main de Louis XVI ; fort, arsenal et bagne, canons et vaisseaux, armées et millions, la force de la France entassée au bout de la France : tout cela dans un port serré, l'on étouffe entre deux montagnes chargées d'immenses constructions. Quand vous parcourez ce port, c'est comme si vous passiez dans une petite barque entre deux vaisseaux de haut bord ; il semble que ces lourdes masses vont venir à vous et que vous allez être pris entre elles. L'impression générale est grande, mais pénible. C'est un prodigieux tour de force, un défi porté à l'Angleterre et à la nature. J'y sens partout l'effort, et l'air du bagne et la chaîne du forçat. C'est justement à cette pointe où la mer, échappée du détroit de la Manche, vient briser avec tant de fureur que nous avons placé le grand dépôt de notre marine.

Certes, il est bien gardé. J'y ai vu mille canons. L'on n'y entrera pas ; mais l'on n'en sort pas comme on veut. Plus d'un vaisseau a péri à la passe de Brest. Toute cette côte est un cimetière. Il s'y perd soixante embarcations chaque hiver. La mer est anglaise d'inclination ; elle n'aime pas la France ; elle brise nos vaisseaux ; elle ensable nos ports.

Rien de sinistre et formidable comme cette côte de Brest ; c'est la limite extrême, la pointe, la proue de l'ancien monde. Là, les deux ennemis sont en face : la terre et la mer, l'homme et la nature. Il faut voir quand elle s'émeut, la furieuse, quelles monstrueuses vagues elle entasse à la pointe de Saint-Mathieu, à cinquante, soixante, à quatre-vingts pieds ; l'écume vole jusqu'à l'église où les mères et les sœurs sont en prière. Et même dans les moments de trêve, quand l'Océan se tait, qui a parcouru cette côte funèbre sans dire ou

L'intérieur de la grotte de l'Est *à la pointe du Raz (ci-dessus).*

Les falaises de la pointe du Raz *avec au loin le phare de la Vieille (page de droite). Ce bout du monde mythique est un lieu très touristique depuis le début du XXe siècle.*

sentir en soi : *Tristis usque ad mortem ?*[1]

C'est qu'en effet il y a là pis que les écueils, pis que la tempête. La nature est atroce, l'homme est atroce, et ils semblent s'entendre. Dès que la mer leur jette un pauvre vaisseau, ils courent à la côte, hommes, femmes et enfants ; ils tombent sur cette curée. N'espérez pas arrêter ces loups, ils pilleraient tranquillement sous le feu de la gendarmerie. Encore s'ils attendaient toujours le naufrage, mais on assure qu'ils l'ont souvent préparé. Souvent, dit-on, une vache, promenant à ses cornes un fanal mouvant, a mené ces vaisseaux sur les écueils. Dieu sait alors quelles scènes de nuit ! On en a vu qui, pour arracher une bague au doigt d'une femme qui se noyait, lui coupait le doigt avec les dents.

L'homme est dur sur cette côte. Fils maudit de la création, vrai Caïn, pourquoi pardonnerait-il à Abel ? La nature ne lui pardonne pas. La vague l'épargne-t-elle quand, dans les terribles nuits de l'hiver, il va par les écueils attirer le varech flottant qui doit engraisser son champ stérile, et que si souvent le flot apporte l'herbe et emporte l'homme ? L'épargne-t-elle quand il glisse en tremblant sous la pointe du Raz, aux rochers rouges où s'abîme l'enfer de Plogoff, à côté de la baie des Trépassés, où les courants portent les cadavres depuis tant de siècles ? C'est un proverbe breton : « Nul n'a passé le Raz sans mal ou sans frayeur. » Ou encore : « Secourez-moi, grand Dieu, à la pointe du Raz ! mon vaisseau est si petit, et la mer est si grande ! »

Là, la nature expire, l'humanité devient morne et froide. Nulle poésie, peu de religion ; le christianisme y est d'hier. Michel Noblet fut l'apôtre de Batz en 1648. Dans les îles de Sein, de Batz, d'Ouessant, les mariages sont tristes et

1. Triste jusqu'à la mort.

Jeune Breton *assis dans le « fauteuil de Sarah Bernhardt », anfractuosité naturelle en forme de siège consacrée par le séjour de la grande actrice à la pointe du Raz.*

sévères. Les sens y semblent éteints; plus d'amour, de pudeur ni de jalousie. Les filles font, sans rougir, les démarches pour leur mariage. La femme y travaille plus que l'homme, et dans les îles d'Ouessant, elle y est plus grande et plus forte. C'est qu'elle cultive la terre; lui, il reste assis au bateau, bercé et battu par la mer, sa rude nourrice. Les animaux aussi s'altèrent et semblent changer de nature. Les chevaux, les lapins sont d'une étrange petitesse dans ces îles.

Asseyons-nous à cette formidable pointe du Raz, sur ce rocher miné, à cette hauteur de trois cents pieds, d'où nous voyons sept lieues de côtes. C'est ici, en quelque sorte, le sanctuaire du monde celtique. Ce que vous apercevez par-delà la baie des Trépassés, est l'île de Sein, triste banc de sable sans arbres et presque sans abri; quelques familles y vivent, pauvres et compatissantes, qui, tous les ans, sauvent des naufragés. Cette île était la demeure des vierges sacrées qui donnaient aux Celtes beau temps ou naufrage. Là, elles célébraient leur triste et meurtrière orgie; et les navigateurs entendaient avec effroi de la pleine mer le bruit des cymbales barbares. Cette île, dans la tradition, est le berceau de Myrddyn, le Merlin du Moyen Âge. Son tombeau est de l'autre côté de la Bretagne, dans la forêt de Brocéliande, sous la fatale pierre où sa Vyvyan l'a enchanté. Tous ces rochers que vous voyez, ce sont des villes englouties; c'est Douarnenez, c'est Is, la Sodome bretonne; ces deux corbeaux, qui vont toujours volant lourdement au rivage, ne sont rien autres que les âmes du roi Grallon et de sa fille; et ces sifflements, qu'on croirait ceux de la tempête, sont les *crierien,* ombres des naufragés qui demandent la sépulture.

Jules Michelet, *Histoire de France*, 17 tomes, Paris, Hachette, 1833-1867. In *Œuvres complètes*, tome IV, Paris, Flammarion, 1971.

Jusqu'en 1839*, il n'y eut pas le moindre phare dans le chenal de la pointe du Raz. La tour carrée en pierres apparentes du phare de la Vieille fut bâtie de 1882 à 1887 sur le rocher de la Gorbellela, face à la pointe du Raz.*

La récolte du goémon à Porspoder

Yves-Marie Rudel, 1907-1984

Activité traditionnelle de Bretagne, la récolte du goémon, ou varech, est pratiquée à bord d'un goémonier, bateau de petite taille, dans les zones rocheuses et à forts courants marins. Mais elle tend à se réduire en raison des dangers encourus. La récolte se fait aussi à pied, à marée basse, sur les « champs » d'algues qui bordent les côtes. C'est ce métier de ramasseur de goémon, aujourd'hui presque disparu, qu'exerce, à Porspoder, petit village de l'extrême pointe de la Bretagne, Goulven, le héros éponyme du roman d'Yves-Marie Rudel.

Sur le plateau sablonneux, hérissé de pointes granitiques, les charrettes aux roues grinçantes s'avançaient, laissant sur la pelouse naturelle la trace jumelle de leurs jantes. Elles chargeraient la récolte visqueuse montée sur la falaise à bras d'hommes, avant la prochaine marée. Celles qui pourraient aborder les petites grèves, entreraient dans la mer jusqu'au moyeu pour être chargées sur place.

Se détachant sur ce décor plein d'imprécision arriva brusquement l'appel de la corne de brume. Un meuglement de monstre préhistorique. Un second. Un troisième. Puis tout un chapelet de hoquets pressés, rauques et farouches. Cela commençait gros et sourd, pour s'enfler ensuite progressivement, monter une gamme fantasque jusqu'à une certaine dominante aux environs de laquelle le son paraissait se stabiliser avant sa chute verticale. On n'aurait pu dire exactement d'où il arrivait. De gauche?... De droite?... Dans un temps de relative accalmie, il se situait devant le cordon d'hommes. Une rafale le soufflait. On l'entendait s'enfuir, glisser sur les lames, court et assez semblable au râle d'un moribond.

Dans une progression infrangible, une voile étarquée accourait du fond de l'horizon, le barrant en entier. On ne distinguait pas son approche immédiate. Mais ses effets rendaient sensible sa présence immatérielle. Tous les trous étaient bouchés. Les choses découvertes par le jour s'estompaient de nouveau, grignotées, retombaient dans le néant. Ainsi moururent les faisceaux lumineux des phares, les blocs de la Garchine et les hommes droits sur la grève. Tout était absorbé, éteint, par cette blanche diplomatie de la brume.

Les goémoniers ne furent plus, sous cette chape humide, que de minuscules individualités travaillant à dépouiller la roche de sa pèlerine à franges, dans un halo candide, plus secret qu'un tampon d'ouate, secoué seulement par l'avertissement mort, autant que le reste, du Four désemparé.

Inutile de songer à présent voir s'éteindre la lanterne de la phrase, donnant ainsi le signal du travail permis. Après tout, la brume n'autorisait-elle pas les pires audaces? En avril, les journées ne sont pas si longues! Et han! Les bras aux manches retroussées arrachaient pêle-mêle le tali, goémon à soude, et le goémon noir, bon seulement pour la fumure, et le melkern aux tiges auburn tout embarrassées dans les cassures du granit. Les dents des râteaux s'en-

***Vue des abers** de Porspoder, village du Finistère Nord, surnommé d'ailleurs le « pays des abers » (à gauche).*

fonçaient dans les longs rubans visqueux, les arrachaient en crissant sur la pierre.

Les hommes se retournaient ensuite, passaient le manche de leur outil sur l'épaule et tiraient en ahanant, les deux mains crispées l'une sur l'autre.

Les femmes peinaient aussi, celles du moins qui n'avaient pas été retenues à la ferme, ou parce que d'autres s'y occupaient, ou parce qu'elles n'en possédaient point. Des gamins de l'âge de Budoc et de plus jeunes encore s'attelaient aux râteaux décidément.

Toute la matinée, ils ratissèrent, suivant l'eau dans sa retraite. À mi-cuisse dans la vague, ils halaient sans repos. Les bourrelets et l'écume des ressacs s'étendaient autour d'eux comme une crème sur un lait frais tiré. La récolte, par petits tas, s'empilait hors de portée de l'Océan. Sous le matelas de brume, la tempête étranglée s'achevait en mauvais rêve.

Le Four beuglait suivant un rythme lent. Quelque part, dans l'infini, d'autres cornes égarées lui rejetaient sa voix. Là dormaient les îles : Ouessant ou l'Épouvante, Bannec, Balanec, Litiry, Molène, Quéménès, Trièlen, toutes les unités de cette ronde chaotique de l'archipel armoricain.

Yves-Marie Rudel, *Goulven, le goémonier*, Paris, Éditions Colbert, 1943, droits réservés.

***La découverte** des vertus thérapeutiques de l'iode, au début du XXe siècle, avait assuré la prospérité d'une profession nouvelle, les goémoniers, mi-marins, mi-paysans. Ci-dessus, brûleurs de goémon sur la grève.*

LES PHARES *veillent sur les marins*

Dressées de part et d'autre du goulet de Brest, les tours du Minou et de Portzic indiquent aux bateaux l'entrée de la rade. Un éclair blanc, un éclair rouge, toutes les six secondes d'un côté, toutes les douze secondes de l'autre. Le service des phares et balises de Brest veille au bon fonctionnement de ces feux. Gérant les trente phares qui jalonnent les traîtresses côtes bretonnes, ainsi que les innombrables tourelles, bouées et balises, c'est le plus important centre de balisage de France.

Les phares, ces sentinelles de la mer, font partie du paysage et du patrimoine de Bretagne, et plus particulièrement du Finistère. Le premier phare breton, celui du Stiff, fut bâti à Ouessant en 1695, au temps de la Royale et sur ordre de Vauban. Pendant les vingt premières années, sa lanterne, alimentée au charbon de bois, ne brillait que pendant les nuits hivernales. La plupart des phares datent néanmoins du XIXe et du début du XXe siècle : grâce à la lentille d'Augustin Fresnel, leur lanterne était trois fois plus puissante que celles des phares construits précédemment.

Ce sont aujourd'hui des monuments que l'on vient admirer et, pour certains, visiter, au détour d'un périple touristique. De Brest, un sentier côtier des phares et balises court sur quatre-vingt-six kilomètres jusqu'à Portsall. À la pointe Saint-Mathieu, un ascenseur épargne aux visiteurs l'ascension des 160 marches que les gardiens gravissaient jadis plusieurs fois par jour. Pourtant, le phare blanc au chapeau rouge, situé à terre, était un « paradis » pour les hommes exerçant ce métier d'isolement. Avant d'accéder à une telle affectation, il leur fallait passer par le « purgatoire », un phare en mer mais bâti sur un îlot pas trop éloigné de la côte. Le phare de l'île Vierge, que l'on peut découvrir en poursuivant par la route vers l'aber Wrac'h, était de ceux-là. Avec ses quatre-vingt-trois mètres, il était le plus haut d'Europe et l'un des plus beaux : l'intérieur de la tour de granit est entièrement revêtu d'opaline. À ses pieds, des éoliennes fournissent l'électricité qui fait briller sa lanterne depuis 1956.

Pour gagner les « enfers », le touriste peut emprunter l'une des vedettes reliant le continent à Ouessant. La construction du phare de la Jument, sur un rocher de cent mètres carrés battu par les vagues, fut épique, puis la relève des gardiens toujours incertaine. À Kéréon, dressé sur un écueil au sud-sud-est d'Ouessant, les gardiens effectuaient tous les quinze jours une gymnastique périlleuse : ils gagnaient ou quittaient leur lieu de travail – somptueusement meublé et décoré – à califourchon sur un ballon arrimé à un câble. La dernière relève eut lieu en 2004. À cette date, tous les phares étaient automatisés. Les nostalgiques d'un temps plus aventureux iront visiter sur l'île le musée des Phares et Balises installé dans l'ancienne centrale électrique de Créac'h. Les deux éclats blancs de ce phare rappellent, s'il le fallait, que les phares assurent toujours leur mission de protection des marins : visibles à soixante et un kilomètres, ils guident les quelque 50 000 navires qui passent chaque jour à la pointe de la Bretagne.

« Gardien d'un phare en Occident,
Au feu tournant de la lumière,
Mon rêve est baigné par la mer,
Mon cœur dessillé par le vent. »

Théophile Briant, poète breton (1891-1956). In *Recueil de poèmes*, Rennes, Aux éditions de la Table ronde, 1942.

Ouessant compte cinq phares *: le Stiff, le Créac'h, Nividic, la Jument et Kéréon. Le phare de Nividic (ci-dessus) a été érigé sur la roche la plus haute de la chaussée de Leurvaz an Lvidig, au sud-ouest de la pointe de Pern. Débutée en 1912 et achevée en 1936, sa construction a subi quelques péripéties, dont, en 1920, la destruction de sa base par une tempête.*
Le phare de la Jument *(en haut, à droite) a lui aussi eu du mal à s'élever au-dessus de la mer d'Iroise. Commencée en 1904, la bâtisse en granit est prête à fonctionner l'été 1911, mais lors de la première tempête, elle se met à trembler… On découvre que le rocher est fendu. Des travaux de soutènement sont alors entrepris qui prendront fin en 1940.*
Les feux du Palais *de Belle-Île-en-Mer (en bas, à droite).*

Femme de l'île de Sein *portant le « jbilinenn », coiffe noire de deuil adoptée en 1886 lors de l'épidémie de choléra.*

Tempête sur l'île de Sein

HENRI QUEFFÉLEC, 1910-1992

Faute de candidat, le poste de curé de l'île de Sein est vacant. Le sacristain, Thomas Gourvenec, simple pêcheur, se retrouve peu à peu poussé, par la force des choses et par tout le village, à assumer les fonctions sacrées. En dépit de l'ignorance de Thomas, qui a tenté en vain de franchir les « étapes obligées » de l'accès à la prêtrise, cette usurpation hérésiarque finit par être régularisée par l'autorité ecclésiastique. Ce roman, comme tous ceux de Queffélec qui ont pour cadre les côtes bretonnes, dépasse le pittoresque pour affirmer un attachement à la culture humaniste et chrétienne. Sous la pression d'une nature tourmentée et abyssale, l'homme est voué à chercher la vérité « des profondeurs », et dans cette lutte avec les éléments, il communie avec l'espace et le temps et trouve finalement la confirmation de sa foi et de ses valeurs.

Les mois noirs avaient été presque constamment venteux et vifs, on prononçait souvent le terme de « mauvais temps » à l'aspect du ciel et de la mer et, tout de même, si l'on faisait le point, la saison était douce.

Peu avant la Noël, alors que les nuits marchent sur leur erre et que l'année s'apprête à virer de bord, le cap sur le soleil, une folle bourrasque éclata, un soir, pendant le changement de marée. Les pêcheurs connurent qu'ils allaient écoper. Pas un n'avait pressenti la violence des rafales qui se déchaînaient sur l'île, le climat remportait sur eux une victoire ; où s'arrêterait-elle ?

Le vent se plaquait contre l'île, heurtant la dune de ses coups aériens et massifs. Comme un chat caressé à rebrousse-poil, l'herbe se hérissait, se convulsait ; des goémons secs fuyaient à tire-d'aile. Ne rencontrant aucun

***Située à 8 km de la pointe du Raz**, l'île de Sein apparaît au loin, longue de 1,8 km et large de 800 m (100 m dans ses parties les plus étroites).*

Sans les maisons *de l'unique village et les deux phares, on distinguerait à peine l'île de Sein, dont le point culminant est à 6,50 m.*

Pêcheur breton*.* *La pêche fut longtemps le poumon de l'île de Sein. En 2005, il ne restait que deux ligneurs, ces marins qui pratiquent une pêche à la ligne dangereuse mais soucieuse du poisson et de son environnement.*

obstacle, le vent, d'un simple souffle, balayait l'île. La mer se retirait. Avec quelle mauvaise grâce, semblait-il, et quel désir de reprendre son bien ! Les vagues crevaient contre les galets, grimpaient le long des galets dans un élan de tout leur être et redescendaient dans un bruit de succion et de raclement, un grand cri de repentir. Les débris de la vague, de cette vague encore insuffisante qui n'avait pas submergé l'île pour l'entraîner dans les abîmes, se reformaient en un ressac crémeux et tortu qui luttait contre la vague suivante. Vague et ressac s'étreignaient et se dressaient l'un contre l'autre. Leur force s'exerçait dans un sens contraire à la pesanteur et ils lançaient vers le ciel une longue pointe, une longue gouttelette, que l'élan des ondes marines bousculait et rendait vaine. La vague abaissait le ressac et, d'une saccade, elle se hâtait de foncer en avant et d'éclater…

La nuit tomba. Dans l'ombre, sur les bancs de cailloux, les hautes griffes des vagues continuaient de se détendre dans un grondement et un roulement continuels. Là-haut, le ciel était bouché ; sur les flancs de l'île luisaient toutes ces blancheurs, fantomatiques et bruissantes…

Les armées du vent, toute la nuit, défilèrent sur l'île. La faible résistance que leur offraient les maisons, elles en faisaient, par rage ou désir d'épouvante, une montagne ; elles sifflaient, elles poussaient des hurlements. Elles fouinaient contre les murs, à la recherche de l'interstice, contre les portes, contre les fenêtres. Elles s'engouffraient dans les cheminées. Des courants d'air traversaient les pièces, glaçant les poitrines, arrêtant les courages. Quelqu'un était entré ! Quelqu'un avait ouvert et fermé la porte en un clin d'œil ! Qui donc ? Cela chantonnait dans la pièce, que fouillait le vent. La maison était devenue comme une grotte sonore, comme un couloir où s'engageaient les caprices du vent. La tempête étudiait les demeures, y introduisait des aides et des bourreaux, et le

chantonnement moqueur, et le courant d'air dissimulaient peut-être des leviers qui renverseraient les murs. Entre la tempête pénétrée dans la pièce et la tempête du dehors s'engageaient des conciliabules, des disputes : « Plus vite ! Ouvre la porte ! » hurlait le vent de la dune. « Plus fort ! Heurte le mur ! Heurte le mur ! » répondait son acolyte. Le vent, tel un gabelou, se promenait sous les meubles, grognant et geignant. Flankk ! Flankk ! La porte, fermée cependant et loquetée, tremblait, tapait. « Ouvre la porte ! » Un chantonnement giclait dans la pièce, le vent flairait les armoires, les étoffes qui claqueraient si bien, qui s'envoleraient, qui feraient le tour du monde. Flankk ! Flankk ! Le vent du dehors frappait la porte. Muuuuu... ! Le vent se glissait sous la fenêtre. Si... Si... ! Les matériaux de la maison retrouvaient une âme et, soudain, de toute leur patience, ils s'appuyaient les uns sur les autres, la

tête tournée vers l'intérieur, comme un cercle d'animaux pendant la tempête de sable. Flankk! Flankk! Le vent, à grands coups de pied, heurtait le dos de la porte. Le vent heurtait le dos des murs, le dos du toit, le dos des fenêtres, à grands coups de pied, à grands coups de fouet, à grands coups de pique. Terrifiés, mais leur force décuplée par l'énergie du désespoir, les murs, le toit et les fenêtres tournaient vers l'intérieur de la maison des visages calmes. Ils tiendraient!... Le vent dégringolait dans les cheminées, plus vite que jamais flamme n'y monta, une odeur de suie glaciale s'ébattait dans la pièce. Un flot de vent tournoyait dans la cheminée, une bande, une troupe de vent...

Thomas, du fond de son lit clos, tâchait de comprendre la résistance originale qu'opposait la cure. Cela ne ressemblait pas à la vie nocturne de la maison Gourvennec dans les tempêtes, vie agitée, semée de rumeurs et de clameurs, avec ses plaintes aussi et ses grincements, et cependant vie douce, que rassuraient toutes les présences humaines. Ici les événements du rez-de-chaussée se perdaient dans le bruit général.

Un fort parti de vent montait l'escalier avec tapage, s'insinuait par la porte, sautait dans la pièce et glissait dehors sous la fenêtre. Le vent entrait et sortait, traitant le presbytère, irrévérencieusement, comme un moulin. Le vent traversait le presbytère, comme un courant d'eau une épave pourrie. Il était chez lui dans toute la maison et, dès lors, sa cohue s'offrait des airs de cortège. Le soudard organisait une cérémonie. C'était ici un château du vent; une fête nocturne se déroulait, à laquelle prenaient part les esprits du vent.

Henri Queffélec, *Un recteur de l'île de Sein*, Paris, Stock, 1945.

La mer se brisant
à marée montante sur les rochers granitiques de la côte bretonne : la représentation de la Bretagne n'a pas changé...

Audierne, Sein et Ouessant

Guy de Maupassant, 1850-1893

En juillet 1882, Maupassant se rend en Bretagne. Cette région est très fréquentée à la fin du XIXe siècle, tant par les écrivains que par les peintres, qui y trouvent un lieu naturel, authentique, où le présent rejoint le passé, une terre primitive où l'homme solitaire est confronté depuis toujours aux éléments souvent déchaînés : la mer, surtout, mais aussi le vent et l'espace infini. « Les souvenirs vivent éternellement dans ce coin de France », écrit Maupassant.

Et nous suivons la plage, l'interminable plage tout le long de la baie d'Audierne. Il faut passer à gué ou à la nage deux petites rivières, peiner dans le sable ou sur la poussière de varech, aller toujours entre ces deux solitudes, l'une remuante, l'autre immobile, la mer et la lande.

Voici Audierne, triste petit port, qu'animent seulement l'entrée et la sortie des barques allant pêcher la sardine.

Avant de partir, au matin, on goûte, au lieu du vulgaire café au lait, quelques-uns de ces petits poissons frais, poudrés de sel, savoureux, parfumés, vraies violettes des flots. Et on repart vers la pointe du Raz, cette fin du monde, ce bout de l'Europe.

On monte, on monte toujours, et soudain on aperçoit deux mers, à gauche l'Océan, à droite la Manche.

C'est là qu'elles se rencontrent, qu'elles se battent sans cesse, heurtant leurs courants et leurs vagues toujours furieuses, chavirant les navires et les avalant comme des dragées.

Ô flots, que vous savez de lugubres histoires,
Flots profonds redoutés des mères à genoux.

Plus d'arbres, plus rien que des touffes de

***Le phare d'Ar-Men**, peut-être le plus connu de France, veille sur la chaussée de Sein depuis 1881. Les gardiens s'y sont succédé jusqu'à son automatisation, en 1990.*

gazon sur le grand cap qui s'avance. Tout au bout deux phares, et partout au loin d'autres phares, piqués sur des écueils. Il en est un qu'on essaie en vain de terminer depuis six ans. La mer, acharnée, détruit, à mesure qu'il s'accomplit, le travail acharné des hommes.

Là-bas, en face, l'île de Sein, l'île sacrée, regarde à l'horizon, derrière la rade de Brest, sa dangereuse commère, l'île d'Ouessant.

Qui voit Ouessant
Voit son sang,

disent les matelots. L'île d'Ouessant, la plus inaccessible de toutes, celle que les marins n'abordent qu'en tremblant.

Le haut promontoire se termine soudain, tombe à pic dans cette bataille d'océans. Mais un petit sentier le contourne, rampant sur les granits inclinés, filant sur des crêtes larges comme la main.

Soudain on domine un abîme effrayant dont les murs, noirs comme s'ils avaient été frottés d'encre, vous renvoient le bruit furieux du combat marin qui se livre sous vous, tout au

__Audierne__ a toujours su profiter de la proximité de lieux de pêche (chaussée de Sein, côtes anglaises et irlandaises). Jusqu'aux années 1960, il sera avec Camaret l'un des deux plus grands ports langoustiers français (langouste rose).

***Situé dans l'estuaire du Goyen**, Audierne est toujours un port actif spécialisé dans la pêche côtière.*

fond de ce trou qu'on a nommé l'Enfer. Bien qu'à cent mètres au-dessus de la mer, je recevais des crachats d'écume, et, penché sur l'abîme, je contemplais cette fureur de l'eau qui semblait soulevée par une rage inconnue.

C'était bien un enfer qu'aucun poète n'avait décrit. Et une épouvante m'étreignait à la pensée d'hommes précipités là-dedans, roulés, tournés, plongeant dans cette tempête entre quatre murailles de pierres, jetés sur les parois de la montagne, repris par le flot, engloutis, reparaissant, bouillonnant pêle-mêle dans les vagues monstrueuses.

Et je me remis en route, hanté de ces images et battu par un grand vent qui fouettait le cap solitaire.

Au bout de vingt minutes, j'atteignis un petit village. Un vieux prêtre, qui lisait son bréviaire à l'abri d'un mur de pierres, me salua. Je lui demandai où je pourrais coucher ? ; il m'offrit l'hospitalité.

Une heure plus tard, assis tous deux devant sa porte, nous parlions de ce pays désolé qui saisit l'âme, quand un petit Breton, un enfant, passa devant nous, nu-pieds, secouant au vent ses longs cheveux blonds.

Le curé l'appela dans sa langue maternelle, et le gamin s'en vint, devenu timide tout à coup, les yeux baissés et les mains inertes.

– Il va vous réciter son cantique, me dit le prêtre ; c'est un gaillard doué d'une grande mémoire et dont j'espère tirer quelque chose.

Et l'enfant se mit à bredouiller des paroles inconnues, sur ce ton geignant des petites filles qui répètent leur fable. Il allait sans point ni virgule, déroulant les syllabes comme si le morceau tout entier n'eût formé qu'un mot, s'arrêtant une seconde pour respirer, puis reprenant son chuchotement précipité.

Tout à coup, il se tut. C'était fini. Le curé lui caressa la joue d'une petite tape.

– C'est bien, va-t'en.

Et le polisson se sauva. Alors mon hôte ajouta :

– Il vient de vous dire un vieux cantique de ce pays-ci !

Je répondis :

– Un vieux cantique ? Est-il connu ?

– Oh ! pas du tout. Je vais vous le traduire, si vous voulez.

Alors le vieillard, d'une voix forte, s'animant comme s'il eût prêché, levant le bras d'un geste menaçant et enflant les mots, déclama ce naïf et superbe cantique dont j'ai voulu écrire les paroles sous sa dictée.

Dans la seconde moitié du XIXe siècle, *la conserverie de sardines devient un secteur florissant, atteignant son apogée dans les années 1900. Les ouvrières étaient familièrement appelées les « penn sardin ».*

CANTIQUE BRETON

L'enfer ! l'enfer ! Savez-vous ce que c'est, pêcheurs ?

C'est une fournaise où rugit la flamme, une fournaise près de laquelle le feu d'une forge refermée, le feu qui a rougi les dalles d'un four, n'est que fumé !

Là jamais on n'aperçoit de la lumière ! Le feu brûle comme la fièvre sans qu'on le voie ! Là jamais n'entre l'espérance, car la colère de Dieu a scellé la porte !

Du feu sur vos têtes, du feu autour de vous ! Vous avez faim ? Mangez du feu ! – Vous avez soif ? – Buvez à cette rivière de soufre et de fer fondu !

Vous pleurerez pendant l'éternité ; vos pleurs feront une mer ; et cette mer ne sera pas une goutte d'eau pour l'enfer ! Vos larmes entretiendront les flammes, loin de les éteindre ; et vous entendrez une moelle bouillir dans vos os.

Et puis on coupera vos têtes de dessus vos épaules, et pourtant vous vivrez ! Les démons se les jetteront l'un à l'autre, et pourtant vous vivrez ! Ils rôtiront votre chair sur les brasiers ;

Audierne est un typique port breton : *grandes maisons blanches resserrées les unes contre les autres face à la mer. Sur les hauteurs, on aperçoit l'église Saint-Joseph (1912-1925) et le clocher de l'église Saint-Raymond, bâtie au* XV*e siècle et remaniée au* XVII*e.*

vous sentirez votre chair devenir du charbon ; et pourtant vous vivrez.

Et là, il y aura encore d'autres douleurs. Vous entendrez des reproches, des malédictions et des blasphèmes.

Le père dira à son fils : – Sois maudit, fils de ma chair, car c'est pour toi que j'ai voulu amasser des biens par la rapine !

Et le fils répondra : – Maudit ! Maudit ! sois-tu, mon père ; car c'est toi qui m'as donné mon orgueil et qui m'as conduit ici.

Et la fille dira à sa mère : – Mille malheurs à vous, ma mère, mille malheurs à vous, caverne d'impuretés, car vous m'avez laissée libre, et j'ai quitté Dieu !

Et la mère ne reconnaîtra plus ses enfants ; et elle répondra :

– Malédiction sur mes filles et sur mes fils, malédiction sur les fils de mes filles et les filles de mes fils !

Et ces cris retentiront pendant l'Éternité. Et ces souffrances seront toujours. Et ce feu ! ce feu ! c'est la colère de Dieu qui l'a allumé, ce feu ! il brûlera toujours sans languir, sans fumer, sans pénétrer moins profondément vos os.

L'Éternité ! Malheur ! Ne jamais cesser de mourir, ne jamais cesser de se noyer dans un océan de souffrances !

Ô jamais ! tu es un mot plus grand que la mer ! *Ô jamais !* tu es plein de cris, de larmes et de rage. *Jamais !* Oh ! tu es rigoureux. Oh ! tu fais peur !

Guy de Maupassant, in *le Gaulois*, 1880.

Ouverte en 1894*, la ligne ferroviaire Douarnenez-Audierne favorise le tourisme jusqu'à la Seconde Guerre mondiale. Audierne est d'ailleurs apprécié de nombreux artistes, dont le peintre Auguste Renoir.*

Bretagne, entre

terre et Océan

Gustave Flaubert (p. 154)
Concarneau
Quimperlé
Pont-Aven
29
Stendhal (p. 157)
Blave
56
Josselin
Forêt de Paimpont
Ploërmel
35
Bertall (p. 148)
LORIENT
Sainte-Anne-d'Auray
Hippolyte Taine (p. 169)
Oust
Île de Groix
Hippolyte Taine (p. 173)
Auray
REDON
Gustave Flaubert (p. 166)
La Trinité-sur-Mer
VANNES
Carnac
Golfe du Morbihan
Vilaine
Quiberon
44
Hippolyte Taine (p. 163)
Alphonse de Châteaubriant (p. 180)
Île de Houat
Alphonse Daudet (p. 175)
Grande Brière
Belle-Île
Île de Hoëdic
Guérande
Le Croisic

Le sud de la Cornouaille, le Vannetais et le Pays nantais sont baignés par l'océan Atlantique. C'est la Bretagne « douce », au climat plus clément, là où s'installent les peintres. Un lieu où « le *plein air* règne en maître », écrit Bertall à propos de Pont-Aven. Un lieu que Stendhal, Taine et Flaubert se plaisent à peindre, aux paysages humides et verts, parsemés de bouquets de bois, de genêts, d'ajoncs et de bruyères, de vieilles maisons de granit et de barrières de pierres. Les villes même, tel Quimperlé, y sont sujets d'aquarelle. Mais nos voyageurs ne sont pas seulement sensibles aux paysages, ils nous décrivent les femmes aux grandes coiffes et petits châles verts, les hommes à la veste, au pantalon et au grand chapeau noirs qui assistent à la messe ou qui, aux courses de Guérande, dansent au son du biniou. Chapelles, calvaires, lieux de pèlerinage ou sites mégalithiques ne sont pas oubliés et peuvent susciter des points de vue différents… Pour Flaubert, les alignements de Carnac ne sont que des pierres, pour Taine, ce sont des signes de l'Histoire.

Double page précédente
La plage des Grands Sables*, sur l'île de Groix, est la seule plage convexe d'Europe. Son sable, très fin, renferme des particules de grenat, car Groix est un site géologique exceptionnel, riche en roches rares, tels le grenat ou le glaucophane.*

« Si vous aimez le paysage et les paysagistes, allez à Pont-Aven »

BERTALL, 1820-1882

Quand Bertall écrit ce texte, publié en 1886, Gauguin ne s'est pas encore installé à la pension Gloannec. En fait, depuis plus de trente ans, Pont-Aven est fréquenté par des peintres, et dans les années 1880, on le compare à Barbizon. Pompiers et impressionnistes, Américains, Anglais, Danois et Français s'y côtoient. En 1885, on estime que les artistes qui y séjournent sont une centaine. Autour de Gauguin se constituera l'école de Pont-Aven, qui, selon Maurice Denis, aura influencé autant d'artistes que jadis l'école de Fontainebleau.

Les chemins de fer ont élargi les horizons. Il faut aux jeunes peintres qui aspirent à l'héritage des Corot, des Rousseau, des Diaz, des Jules Dupré, d'Aubigny et compagnie, des étendues plus vastes à parcourir ; il leur faut de vrais rochers battus par le flot, des eaux bien vivantes courant au milieu de végétations robustes, et déchiquetant des rives sauvages ; des arbres étranges que le vent a tourmentés et dont les branches ont de tragiques allures ; des paysans que le niveau fatal de la *Belle-Jardinière* n'ait pas encore touchés, et des maisons qui ne ressemblent en rien à celles d'Asnières ou de Saint-Cloud. Ils recherchent des plages à grandes et magistrales lignes, des gigantesques falaises blanches, et ces énormes rochers noirs où la vague se creuse des retraites retentissantes.

Du jour au lendemain la locomotive docile vous amène sur les rives bretonnes, où vous trouvez tout cela. La Bretagne a remplacé Fontainebleau.

Mais, de tous les coins de la Bretagne, celui qui semble remplir le mieux le programme désiré est sans contredit celui où l'on trouve Pontaven.

***Autrefois appelé moulin Barnabé**, le moulin de Rosmadec est une bâtisse construite au XVe siècle au bord de l'Aven. Il abrite aujourd'hui un hôtel.*

Que l'on arrive de Concarneau par une route semée de *dolmens* et de *menhirs* ou bien de Quimperlé, station du chemin de fer, le voyage en patache est fécond en surprises de tout genre dans le domaine de l'inattendu et du pittoresque.

Mais voici Pontaven.

Pontaven, grand renom,

Quatorze moulins, quinze maisons,

tel est le dicton ayant cours dans le pays.

Rien de séduisant comme l'aspect de cette bourgade, dominée par un clocher élégant flanqué de quatre petits clochetons à la façon bretonne. Un petit pont, jeté sur la rivière de Pontaven, relie les deux rives, au milieu desquelles court en bouillonnant, sur les grosses roches semées çà et là et les herbes folles, l'eau qui se canalise à chaque détour pour faire vivre des moulins dont le tic-tac réjouit l'oreille, pendant que l'œil est ravi de l'aspect inattendu de ces eaux, de ces grands arbres verdoyants qui s'y reflètent et des constructions à caractère qui les accompagnent.

Aussi la population des visiteurs de Pontaven est une population à part, les peintres de tout sexe y foisonnent. À chaque coin se dresse un chevalet, un parasol sous lequel se courbe, attentive, une tête barbue ou bien un visage féminin couronné de tresses variées.

Le *plein air* règne ici en maître. On fait du plein air partout. On en fait au bord de l'eau, devant chacun des quatorze moulins qui tour-

nent gaiement leurs palettes, dans les délicieux chemins creux qui gravitent autour du village, sur les coteaux où la vue s'élargit, le long de la rivière où stationnent les bateaux qui viennent de la mer, et, en faisant quelques kilomètres, sur la plage garnie de rochers à demi couverts d'algues, où la vague vient harmonieusement se briser.

Tout est donc réuni pour l'étude sur ce petit coin privilégié. Il semblerait qu'un maître prévoyant a su grouper là les modèles en tous genres destinés à des élèves choisis. Il y a tout : l'eau, la rivière, la mer, les moulins, les maisons pittoresques, les gigantesques arbres, les vertes prairies, les petits coins charmants, les grandes lignes aux puissantes allures, et jusqu'à des modèles patients, vêtus de haillons ou de costumes à caractère, qui posent, sans barguigner, des journées entières, pour un franc ! devant les peintres paysagistes, et même figuristes.

Gauguin et ses amis *peintres posent devant l'auberge de Marie-Jeanne Gloannec (où l'artiste résidait). De nos jours, la pension a disparu : une maison de la presse occupe le rez-de-chaussée et une école internationale d'art contemporain a investi l'étage.*

La Vision après le sermon *ou* le Combat de Jacob avec l'Ange, *peint par Gauguin en 1888 à Pont-Aven (huile sur toile, National Gallery of Scotland, Édimbourg).*

1. Peintres grecs du IVe siècle avant J.-C. à la fois amis et rivaux.

Aussi vers les six heures, quand le rappel sonne à toute volée aux quatre hôtels ou pensions qui se trouvent échelonnés sur la place de Pontaven, on voit de tous côtés, des eaux, des monts, des bois, arriver des légions de Rubens, de Van Dyck, de Vélasquez de tout poil et de tout âge, dans tous les costumes connus ou inconnus, portant leurs études ou leur toile, et venant se refaire des fatigues ou des mécomptes du plein air.

Il y a de tout dans cette troupe jeune et gaie : des Anglais et des Anglaises, des Américains surtout et des Américaines, des Allemands, des Danois, sans compter de nombreux Français ; j'y ai même vu un Grec d'une belle tournure.

Comment se fait-il que ce successeur d'Apelle et de Protogène[1] ait découvert ce petit coin enfoui tout au bout de la Bretagne ? Je ne me chargerai pas de répondre ; le fait est que ce Grec est à Pontaven et y repose, au milieu de ces fraîches verdures, ses yeux fatigués des oliviers gris et des pierres rôties par le soleil du Péloponnèse.

L'hôtel de Mlle Julia Guillou est l'hôtel principal de Pontaven. Dans la grande salle à manger où se réunissent ces députés artistiques de tous les pays, et où s'échangent entre tous ces enthousiastes du pinceau les propos les plus gais et les plus interrompus dans toutes les langues, le mur est garni de peintures de toute sorte, dues à la galanterie successive des déjeuneurs et dîneurs, satisfaits des bonnes côtelettes et des excellentes langoustes de l'hôtesse. Il y a certainement quelques croûtes audacieuses collées le long de ces murs, mais il est aussi des

morceaux très remarquables, signés de noms encore obscurs, et certains autres qui font honneur à des noms déjà connus. Il y a certainement là une pépinière de jeunes talents destinés à un heureux avenir.

Mlle Lentilhac, la voisine de Mlle Guillou, a aussi ses fidèles et un joli petit musée, qui rivalise avec le musée voisin. Elle s'honore de posséder la confiance de l'habile paysagiste Pelouse. L'hôtel des Voyageurs s'enorgueillit de la présence fréquente de M. Lebland, le peintre à succès des Bretons et Vendéens ; à chaque instant, dans chacun de ces hôtels, on espère la visite de peintres de grand mérite, MM. Bernier et Vidal, qui demeurent non loin de là, de MM. Daubigny, Vernier, Breton, Busson, que le peuple des jeunes rapins brûle de voir et de connaître.

La pension Gloannec est l'asile préféré de toute la jeunesse nouvellement éclose au soleil de la peinture. Le bon marché excessif de la maison tente les bourses jeunes, et les talents qui sont encore en espérance d'acheteurs. La pension Gloannec a aussi sa salle à manger couverte de peintures variées. Ce ne sont pas les plus mauvaises. Il y a là des noms qui se feront place. On y est toujours plus jeune et plus gai qu'ailleurs. Enfin, on s'amuse et l'on travaille à Pontaven.

Si vous aimez le paysage et les paysagistes, allez à Pontaven.

Bertall, *les Plages de France*, Paris, C. Marpon et E. Flammarion, 1856.

***Les bateaux** trouvent un mouillage bien abrité dans la ria profonde de Pont-Aven, où les eaux de l'Océan rencontrent celles de l'Aven.*

Quimperlé, sujet d'aquarelle

GUSTAVE FLAUBERT, 1821-1880

En compagnie de son ami Maxime Du Camp, fuyant la civilisation et surtout le monde parisien, Flaubert parcourt la Bretagne, en quête de nature sauvage. À partir de ses notes de voyage, il rédige Par les champs et par les grèves, *récit littéraire où sa technique de description et son sens du pittoresque font merveille, comme l'illustre ce texte sur la petite ville de Quimperlé.*

Nous arrivâmes à Quimperlé qui, pour n'offrir rien de celtique, de romain ou de phénicien, n'en est pas moins une des plus agréables bonnes fortunes que nous ayons rencontrées dans notre voyage.

Ici, pas d'alignement, pas de trottoir, aucune espèce de palais de justice, que nous sachions du moins ; point de bourse en temple grec, aucune caserne, pas même de mairie montrant son inepte façade, rehaussée d'une loque tricolore. Mais ce sont de petites rues qui serpentent comme des sentiers entre de vieux murs d'où retombent des bouquets de feuillages et des grappes de clématite. Les maisons de bois ont des toits pointus et des balcons noirs, et on entend en passant près d'elles les rouets filer dans l'intérieur ou le bruit de quelque oiseau suspendu à la fenêtre dans une cage d'osier blanc. Deux rivières, au pied des montagnes, entourent la ville comme un bracelet d'argent ; elles se réunissent, s'entrecroisent, se divisent, disparaissent en revenant sans qu'on distingue de quel côté elles coulent, s'il y en a plusieurs ou une seule ; elles s'en vont ainsi entre les maisons et les rues en mouillant sur leur bord la dernière marche de l'escalier des jardins, et gargouillent sur les cailloux verts de leur lit où se courbent ensemble de grandes herbes minces.

[...] La ville s'étageant graduellement remonte en face sur une colline avec cette eau, ces arbres, les madriers de ces maisons peints ou vermoulus, ces pignons de plomb, ces toits en tuiles serrés l'un près de l'autre ou régulièrement séparés par la ligne ondoyante de quelque mur tout chevelu ; il semble que Quimperlé n'est venu au monde que pour être un sujet d'aquarelle.

L'église Saint-Michel montre, au-dessus de la ville qui se déroule à ses pieds, les quatre clochetons de sa tour et sa galerie à arcade, mais l'on est fort surpris, quand on arrive auprès, de ne trouver qu'une église assez commune et n'ayant même pour portail qu'un portail latéral divisé par deux portes jumelles dont la forme serait jolie si l'ornementation générale n'en était trop lourde. Sur les contreforts de

Pont sur l'Ellé à Quimperlé*. Cette ville est à la confluence (*kemper *signifie confluent en breton) de quatre rivières : l'Ellé, l'Isole, la Dordu et la Laïta. Cette dernière recueille toutes les eaux et se jette dans l'Océan à 18 km en aval, au Pouldu.*

l'abside deux maisons voisines sont venues appuyer leur premier étage qui, lorsqu'on monte de la ville vers l'église, font l'effet d'un pont jeté sur chacune des rues. La façade de l'une d'elles, noire, obscure, rongée de mites, porte sur les poutres extérieures de sa charpente des personnages sculptés fort amusants ; ils ont des bonnets ronds, des mines sérieuses et des robes longues que leur plisse autour de la taille une ceinture à large boucle. Ils sont occupés à différentes besognes qui paraissent très importantes. Un d'eux tenant un pilon broie quelque chose dans un mortier. Probablement que c'était le logis vénéré d'un bon apothicaire-herboriste d'autrefois, lors du vieux temps des élixirs et des juleps[1], quand on venait chercher chez lui la drogue orientale, le médicament miellé, l'or potable qui prolonge la vie, et puis aussi le remède mystérieux qui se composait la nuit dans la seconde arrière-boutique, derrière les gros alambics verts et les paquets de baume : la potion contre l'épilepsie, faite de raclure de crâne humain et de sang de décapité ou le sirop prolifique pour les vieux maris. Celui qui fit bâtir cette maison fut, j'imagine, quelque gros bourgeois du temps ayant sa stalle dans le chœur et sa métairie hors la ville, qui était marguillier de l'église et doit y être enterré quelque part.

Gustave Flaubert, *Par les champs et par les grèves (voyage en Bretagne), accompagné de mélanges et fragments inédits*, Paris, G. Charpentier, 1886.

1. Potion adoucissante et calmante composée d'eau distillée et de sirop.

De Hennebont à Lorient

STENDHAL, 1783-1842

« Je suis négociant ; en parcourant la province pour mes affaires (le commerce du fer), j'ai eu l'idée d'écrire un journal. Il n'y a presque pas de voyages en France : c'est ce qui m'encourage à faire imprimer celui-ci. » C'est sous les traits de ce négociant en fer que Stendhal propose à ses contemporains les Mémoires d'un touriste, *qui paraissent en 1838. Il s'y montre sensible aux paysages, aux mœurs et à l'histoire de la province, mais aussi attentif aux conditions matérielles de son voyage, décrivant les hôtels et les cafés des villes où il séjourne.*

J'ai été extrêmement content des paysages de Landevant à Hennebont et à Lorient. Souvent j'apercevais des forêts dans le lointain. Ces paysages bretons humides et bien verts me rappellent ceux d'Angleterre. En France, le contour que les forêts tracent sur le ciel est composé d'une suite de petites pointes ; en Angleterre ce contour est formé par de grosses masses arrondies. Serait-ce qu'il y a plus de vieux arbres en Angleterre ? [...]

Hennebont est située d'une façon pittoresque et parfaitement bretonne, c'est-à-dire sur une petite rivière qui reçoit de la mer le flux et le reflux, et par conséquent de petits navires venant de Nantes. Mais l'on ne voit point la mer, et rien n'annonce son voisinage.

Tout contre la rivière s'élève un monticule couvert de beaux arbres qui cachent la ville. La noblesse des châteaux voisins, qui vient passer l'hiver à Hennebont, y étale un grand luxe. Le maître de l'hôtel ne pouvait encore revenir de sa surprise : à l'occasion d'un bal donné l'hiver dernier, un de ces messieurs a fait venir de Paris un service d'argenterie estimé deux mille écus, et que les danseurs, en passant dans la salle à manger, ont aperçu tout à coup.

Rien de joli comme les bouquets de bois que l'on rencontre pendant les trois lieues de Hennebont à Lorient. Là encore j'ai entrevu quelques Bretons dans leur costume antique, longs cheveux et larges culottes.

À Lorient, il faut aller à l'*hôtel de France* ; c'est, de bien loin, le meilleur que j'aie rencontré dans ce voyage. Le maître, homme intelligent, nous a donné un excellent dîner, à une table d'hôte dressée au milieu d'une magnifique salle à manger (cinq croisées séparées par de belles glaces arrivant de Paris : à la table d'hôte, on a constamment parlé de ce qu'elles coûtaient).

L'*hôtel de France* donne sur une place carrée entourée d'un double rang d'assez jolis arbres ; entre les arbres et les maisons on trouve une rue suffisamment large. On voit que Lorient a été bâtie par la main de la raison. Les rues sont en ligne droite ; ce qui ôte beaucoup au pittoresque.

__La rade du Blavet__ s'étend depuis la ville fortifiée de Hennebont jusqu'aux ports de Lorient et de Port-Louis. __Édifiée sur le cours de La Bôve__ et due aux ciseaux d'Antonin Mercié, la statue du compositeur Victor Massé (1822-1884), originaire de Lorient, a été détruite pendant la Seconde Guerre mondiale, de même que le théâtre que l'on aperçoit au fond.

Vue sur le moulin *à eau et à marée de la Demi-Ville, situé sur la ria d'Etel et dans la commune de Landévant (Morbihan). Il a été construit avec des pierres de l'ancien manoir et possède une roue de 6 m de diamètre en bois et à palettes.*

Ce fut en 1720 que la compagnie des Indes créa cet entrepôt à l'embouchure d'une petite rivière nommée la Scorf. Comme le flux et le reflux y pénètrent avec force, il y a été facile d'en faire un grand port militaire ; on y fabrique beaucoup de vaisseaux, et j'ai dû subir la corvée de la visite des chantiers et magasins, comme à Toulon. Dieu préserve le voyageur d'un tel plaisir !

Ce matin, en me levant, j'ai couru pour voir la mer. Hélas ! il n'y a point de mer, la marée est basse ; je n'ai trouvé qu'un très large fossé rempli de boue et de malheureux navires penchés sur le flanc en attendant que le flux les relève. Rien de plus laid. Quelle différence, grand Dieu, avec la Méditerranée ! Tout était gris sur cette côte de Bretagne. Il faisait froid, et il y avait du vent. Malgré ces désagréments, j'ai pris une barque et j'ai essayé de suivre l'étroit filet d'eau qui séparait encore les immenses plages de boue et de sable.

J'ai attendu ma barque sur la promenade de la ville assez bien plantée d'un grand nombre de petits arbres, et bordée par un quai sur lequel se promenaient gravement deux employés de la douane ; ils étaient là occupés à surveiller trois ou quatre petits bâtiments tristement penchés sur le côté. L'un d'eux gourmande vertement une troupe d'enfants qui violaient la consigne en essayant de noyer un oiseau dans une petite flaque d'eau restée autour du gouvernail d'un de ces malheureux navires penchés au-delà de ce port. Entre la mer et la ville, j'aperçois une jolie colline assez vaste et bien verte ; des soldats y sont à la chasse aux hirondelles : leurs coups de fusil animent un peu la profonde solitude de cette espèce de port marchand.

On ne voit point d'ici le port militaire, il est situé à la gauche de la promenade, et en est séparé par une longue rue de la ville.

Mon matelot m'expliquait toutes les parties du port militaire en me faisant voguer vers la mer. À tout moment il me nommait des vaisseaux de soixante-dix canons, de quatre-vingts canons, et il était scandalisé de la froideur avec laquelle j'accueillais ces grands nombres de canons; de mon côté, je trouvais qu'il les prononçait avec une fatuité ridicule.

C'est là, me suis-je dit, cet esprit de corps si utile, si nécessaire dans l'armée, mais si ridicule pour le spectateur. Malheur à la France, si cet homme me parlait de ses vaisseaux en froid philosophe. Oserai-je hasarder un mot bas? Il faut *ces blagues* à cette classe pour lui faire supporter l'ennui d'une longue navigation. Mais la mienne, au milieu de ces vastes plages de sable et par un vent glacial, ne pouvait que me faire prendre en grippe la rivière de Lorient; je ne pouvais être plus ennuyé que je ne l'étais, c'est alors que je me suis déterminé à aller voir les établissements militaires.

Cette corvée finie, j'ai demandé le grand café, on m'a indiqué celui de la Comédie.

La salle de spectacle est précédée par un joli petit boulevard qui va en descendant; les arbres ont quarante pieds et les maisons trente. Cela est bien arrangé, petit, tranquille et silencieux (*snog*). Ce mot devait être inventé par des Anglais, gens si faciles à choquer, et dont le frêle bonheur peut être anéanti par le moindre danger couru par leur rang. Le *brio* des gens du Midi ne connaît pas le *snog,* qui, à leurs yeux, serait le triste.

Comme je n'avais guère de *brio,* en sortant des magasins de chanvre de l'État, j'ai été ravi de la situation du café de la Comédie; j'y ai trouvé un brave officier de marine qui n'a plus, ce me semble, ni jambes ni bras; il buvait gaiement de la bière; il a hélé quelqu'un qui entrait, pour boire avec lui.

Pour moi, on m'a donné une tasse de café à la crème, sublime, comme on en trouve à Milan. J'ai vu de loin un numéro du *Siècle,* que j'ai lu avec une extrême attention jusqu'aux annonces. Les articles ordinairement bons de ce journal m'ont semblé admirables.

Au bout d'une heure, j'étais un autre homme; j'avais entièrement oublié la *corderie* et les magasins de l'État, et je me suis mis à flâner gaiement dans la ville.

J'ai remarqué à l'extrémité de mon joli boulevard une jolie petite statue en bronze placée sur une colonne de granit. La colonne est du plus beau poli et fort élégante, mais il faudrait s'en servir ailleurs, et placer la statue sur la base de la colonne à neuf ou dix pieds de haut tout au plus; alors on la verrait fort bien; maintenant on l'aperçoit à peine. J'ai compris que c'était l'élève Bisson, faisant sauter son bâtiment plutôt que de se rendre. Il n'y a pas d'inscription. La statue vue de près serait peut-être d'un *goût fort sec*; ce qui vaut mieux que

le genre niais ordinaire des statues de province.

Je suis allé à la grande église ; on voit bien qu'elle a été bâtie au XVIIIe siècle. Rien de plus vaste, de plus commode et de moins religieux. Il fallait sous le climat de Lorient une copie du charmant Saint-Maclou de Rouen, ou, si l'on trouvait ce bâtiment trop cher, une copie de l'église de Ploërmel. Je me suis amusé à rêver à l'effet que produirait au milieu de ces maisons pauvres avant tout, mais enfin au fond d'architecture gallo-grecque, une copie de la *Maison carrée* de Nîmes ou de la Madone de *San-Celse* de Milan. Il faudrait ici le singulier Saint-Laurent de Milan. Toutes ces rues de Lorient, soigneusement alignées, sont formées par de jolies petites maisons raisonnables, qui ont à peine un premier et un second, avec un toit fort propre en ardoises.

***Cordages** sur le* HMS Rose. *Colbert avait choisi le site de Lorient pour la construction des bateaux de la Compagnie des Indes (le nom de la ville proviendrait d'ailleurs du premier navire construit par la Compagnie, le* Soleil d'Orient*) et de la flotte royale. C'est pourquoi très tôt la ville se dota d'une corderie.*

Les fenêtres bourgeoises sont garnies de petites vitres d'un pied carré, la plupart tirant sur le vert.

Je suis arrivé à l'esplanade, où manœuvrait un bataillon d'infanterie : la musique était agréable, mais j'étais le seul spectateur, avec deux petits gamins de dix ans. Les bourgeois de Lorient sont trop raisonnables pour venir perdre leur temps à entendre de la musique.

Malgré ma répugnance pour l'arsenal, j'ai passé de nouveau une porte de fer, et suis monté à la *tour ronde*, située sur un monticule planté, qui m'a rappelé la colline du jardin des Plantes où se trouve le cèdre du Liban. Auprès de cette tour ronde, j'ai trouvé un banc demi-circulaire. Là j'ai passé plusieurs heures à regarder la mer avec ma lorgnette. Je l'apercevais dans le lointain, l'ingrate ! au-delà de plusieurs îles ou presqu'îles, dont plusieurs sont armées

La citadelle de Port-Louis *(à gauche) occupe la pointe de la presqu'île qui ferme au sud-est la rade de Lorient. Commencée par les Espagnols en 1590 et achevée en 1620 sous Louis XIII, elle constitua le principal élément de la défense de la rade au* XVIII*e siècle.*

Lorient *présente une particularité : l'avant-port et le bassin ont été construits en pleine ville (ci-dessous).*

et ont des maisons. Toutes ces îles sont gâtées par de larges plages grises, que la mer laissait à sec en se retirant. J'ai bien compris que je ne la verrais pas autrement que de la *tour ronde*, et, tandis que je considérais longuement j'ai laissé passer le moment de partir avec la diligence. Je m'en doutais un peu ; mais d'abord je ne savais pas bien exactement l'heure du départ, et ensuite je n'étais pas mal sur ce banc, occupé à considérer des nuages gris et à penser aux bizarreries du cœur humain.

Stendhal, *Mémoires d'un touriste*, Paris, Calmann-Lévy, 1838.

La Côte sauvage*, ici à Quiberon, est balayée par les tempêtes. Ses petites falaises subissent de plein fouet les assauts de la mer déchaînée par les vents d'ouest.*

Autrefois*, le métier de mareyeur était souvent exercé par les femmes. Ci-contre, une mareyeuse du Guilvinec (Finistère).*

La presqu'île de Quiberon

Hippolyte Taine, 1828-1893

Taine, le théoricien aux idées contestées des Origines de la France contemporaine, *est aussi un merveilleux styliste qui fait preuve d'un art évident du croquis pris sur le vif, ainsi que ce texte en témoigne.*

Nous descendons dans la presqu'île de Quiberon et nous passons l'après-midi sur la grève. La voiture roule pendant une lieue et demie dans la plaine bossuée, hérissée d'herbes, sans qu'on passe voir la mer. – Pas un arbre ; les genêts, les ajoncs sont hauts comme la main. On a essayé des sillons pour faire croître des arbustes dans leurs creux : rien n'est venu. De loin en loin, derrière une hauteur, on aperçoit un sapin haut d'un pied et demi. – L'éternel vent de la mer raplatit ou rase toutes les plantes ; une steppe n'est pas plus désolée.

Enfin, à l'isthme apparaît la double mer : l'une à l'orient, d'un bleu intense, le plus riche et le plus fort qu'on puisse imaginer, immobile, l'autre à l'occident, écumeuse et déversée contre le bord en vagues incessantes : on l'appelle la mer sauvage. Elle luit, glauque et miroitante à l'infini, coupée çà et là d'îlots rugueux et noirâtres. En approchant de la côte, sur les algues, elle se gonfle en lames violettes, de la teinte la plus magnifique et la plus nuancée, frangées d'argent à la cime et retombant en volutes sous la pluie de rayons qui les traverse. Par elle, toute la côte semble se tresser une opulente couronne de violettes fauves et d'argent bruni. Les paillettes de talc scintillent par millions dans le sable blanc de la plage. – Des femmes aux pieds blancs, un râteau à la main, ramassent les algues sèches ; le vent, avec la salure de la mer, leur arrive au visage, apportant une roulante harmonie de bruissements et une poussière d'écume.

De l'autre côté de l'isthme, la mer est unie par places comme un miroir de saphir ; ailleurs, imperceptiblement rayée de frissonnements qui s'entrecroisent ; un petit flux arrive sur le sable poli, puis s'écoule avec un bruit faible. L'eau est si transparente, qu'on voit au fond les coquilles, les crabes qui s'enfouissent, les pointes de granit qui affleurent. Des herbes à têtes fleuries descendent le long des cassures du roc jusqu'au-dessus de son azur. – Un petit navire vacille en face ; quelques barques à voiles courent à l'horizon. Mais ce que les yeux ne se lassent pas de voir, c'est ce puissant et solide azur qui tranche par une ligne si nette et un contraste si fort sur le vert terne de la lande et sur le gris blanchâtre de la côte. Seul il renvoie la lumière ; tous les autres objets l'éteignent. La côte, rayée de murs blancs, couturée de pierres alignées et entrecroisées, semble un rude bord d'aiguière ou d'auge calcaire qui, par méprise, enferme une liqueur précieuse.

Contraste étrange quand, en quittant la Bretagne, on approche de Savenay et qu'on trouve la plate et plantureuse plaine de la Loire, prairie verdoyante et humide, tachée à perte de vue de grands troupeaux, et, coulant à pleins bords, le tranquille fleuve qui la nourrit. Puis, à l'approche de Nantes, les maisons, l'aspect de la richesse et du bien-être, les files de vaisseaux ancrés dans la Loire, les quais qui commencent, les magasins, les charbonneries, le pêle-mêle et l'entassement du commerce. Puis la ville elle-même, que le wagon traverse lentement, à peine séparé du quai et les maisons serrées à six étages, percées de cent fenêtres, les cheminées charbonneuses, le labeur et les inventions d'une ville de cent mille âmes.

Hippolyte Taine, *Carnets de voyage. Notes sur la province* 1863-1865, Paris, Hachette, 1897.

Dès le début du ***XX*^e^ *siècle***, *le Morbihan est à la mode. Quiberon est très prisé des soyeux de Lyon, qui font élever des villas sur le front de mer. La ville devient alors une station balnéaire très fréquentée de la Bretagne.*

Le port Maria, *port de pêche de Quiberon, accueille aujourd'hui 200 bateaux et assure toute l'année les liaisons avec Belle-Île, Houat et Hoëdic. Au fond, le château Turpeault, construit en 1910 pour un filateur de Cholet, dont il porte le nom.*

Les pierres de Carnac

Gustave Flaubert, 1821-1880

Du 1er mai au 6 août 1847, Flaubert et Maxime Du Camp parcourent la Bretagne. Avant de gagner Quiberon pour s'embarquer pour Belle-Île-en-Mer, ils visitent les alignements de Carnac, ces « débris dont on ne peut deviner l'usage », ainsi que les qualifie Flaubert dans un texte d'une mordante ironie.

***Datant de la période néolithique** (6000 av. J.-C.), les alignements de Carnac sont constitués de longues pierres levées (menhir vient du breton* men, *pierre, et* hir, *longue) et de tables de pierre (dolmens).*

Il serait trop absurde, étant à Carnac, de ne pas aller voir les fameuses pierres de Carnac ; aussi nous reprîmes nos bâtons et nous nous dirigeâmes vers le lieu où elles gisent. Nous allions dans l'herbe, tête baissée et devisant sur je ne sais quoi, quand un frôlement nous a fait lever les yeux et nous avons vu une femme s'avancer par le sentier qui descendait, nu-pieds, nu-jambes, sans fichu, son grand bonnet remuant, sa jupe claquant au vent, une main sur la hanche et de l'autre retenant une énorme gerbe de foin qu'elle portait sur la tête ; elle marchait avec des torsions de taille, hardie et belle, dans son corsage rouge. Elle a passé près de nous. Son souffle était large et fort et la sueur coulait en filets sur la peau brune de ses bras ronds.

Bientôt, enfin, nous aperçûmes dans la campagne des rangées de pierres noires, alignées à intervalles égaux, sur onze files parallèles qui vont diminuant de grandeur à mesure qu'elles s'éloignent de la mer ; les plus hautes ont vingt pieds environ et les plus petites ne sont que de simples blocs couchés sur le sol. Beaucoup d'entre elles ont la pointe en bas, de sorte que leur base est plus mince que leur sommet. Cambry[1] dit qu'il y en avait quatre mille et Fréminville[2] en a compté douze cents ; ce qu'il y a de certain, c'est qu'il y en a beaucoup.

Voilà donc ce fameux champ de Carnac qui a fait écrire plus de sottises qu'il n'a de cailloux ; il est vrai qu'on ne rencontre pas tous les jours, des promenades aussi rocailleuses. Mais, malgré notre penchant naturel à tout admirer, nous ne vîmes qu'une facétie robuste, laissée là par un âge inconnu pour *exerciter* l'esprit des antiquaires et stupéfier les voyageurs. On ouvre, devant, des yeux naïfs et, tout en trouvant que c'est peu commun, on s'avoue cependant que ce n'est pas beau. Nous comprîmes donc parfaitement l'ironie de ces granits qui, depuis les druides, rient dans leurs barbes de lichens verts à voir tous les imbéciles qui viennent les visiter. Il y a des gens qui ont passé leur vie à chercher à quoi elles servaient et n'admirez-vous pas d'ailleurs cette éternelle préoccupation du bipède sans plumes de vouloir trouver à chaque chose une utilité quelconque ? Non content de distiller l'océan pour saler son pot-au-feu et de chasser les éléphants pour avoir des ronds de serviette, son égoïsme s'arrête encore lorsque s'exhume devant lui un débris quelconque dont il ne peut deviner l'usage.

Gustave Flaubert, *Par les champs et par les grèves (voyage en Bretagne), accompagné de mélanges et fragments inédits*, Paris, G. Charpentier, 1886.

1. Jacques Cambry (1749-1807), originaire de Lorient, fit siens les principes de la Révolution et fut en 1795 président du district de Quimperlé.

2. Le chevalier de Fréminville (1787-1848) est un marin, naturaliste et archéologue, qui étudia notamment la Bretagne.

BAR DU PORT
BAR DU PORT
BAR DU PORT

D'Auray à Carnac

Hippolyte Taine, 1828-1893

Les alignements de Carnac sont pour Taine, philosophe et historien, et dont l'ouvrage fondamental est l'Introduction à l'étude de l'histoire expérimentale, *un signe historique auquel sont attachées de multiples questions. Pour lui, Carnac est objet d'histoire et non de dérision, comme pour Flaubert.*

Auray est une jolie petite ville, sur deux collines ; entre elles est une rivière avec un vieux pont ; la marée descend et les petits navires restent à sec sur la plage. – Petites pluies incessantes ; les vieilles maisons de granit à étages surplombants, les baraques des rues tortueuses et penchées, les mails toujours verts, la végétation toujours fraîche des bords de la rivière, portent l'empreinte de l'humidité éternelle.

***Une noce bretonne** au début du XXe siècle, dans les environs d'Auray. Les tables sont rustiques (de simples échelles), mais les coiffes sont de rigueur.*

Nous partons à neuf heures du matin par un joli soleil dont la lumière tamise à travers la brume. L'aspect de la campagne est celui d'une femme pauvre et gracieuse, qui sourit après avoir pleuré et pleurera bientôt encore. Une douce clarté se pose sur la lande moite, et les bruyères rouges, les ajoncs et les pissenlits jaunes, les bouquets effilés des genêts, parsèment la vieille verdure primitive de tons nuancés, aussi soyeux et aussi fondus que ceux d'un tapis riche. C'est un étrange plaisir pour l'œil que cette végétation libre, avec le pêle-mêle de ses dessins colorés sur son fond terne. – Une vague odeur imperceptiblement suave s'en exhale. La lourde abondance de la récolte utile paraît grossière à côté de ces finesses de la nature sauvage.

Sapins épars sur la lande écorchée, marécages dormants étoilés de vert et de blanc par les tiges fourmillantes et les petites têtes neigeuses des herbes innombrables. – Champs de seigle dépouillés dont il ne reste que le chaume d'un jaune noircissant ; enclos de pierres amoncelées, mais plus souvent de terre relevée où pullulent et s'entrelacent les ajoncs centenaires quelquefois hauts comme un homme, rugueux, hérissés, s'entassant les uns sur les autres, dépassant les vieilles pousses poudreuses et mortes par leurs bouquets nouveaux multipliés, et tranchant sur le pâturage par le moutonnement incessant de leur surface râpeuse. Je ne me lasse pas de regarder les bossellements âpres de ces rudes colons aussi obstinés que le granit breton, gardiens de la propriété humaine et habitants indestructibles de la lande. – Parfois dans leurs files hérissées, un têteau

***Le quartier Saint-Goustan à Auray**. Logé dans une boucle de la rivière d'Auray, il constitue un endroit charmant de la ville basse.*

Un mouton *s'est aventuré (page de droite) entre les menhirs de l'un des quatre sites de Carnac : Ménec, Kerlescan, Kermario et Petit Ménech.*

La Table des Marchand *(sans s, du nom du propriétaire du champ) est un vaste dolmen situé sur le site mégalitihique de Locmariaquer. Il est ici photographié tel qu'il était en 1920, lorsque Zacharie Le Rouzic entreprit de le restaurer.*

de chêne, un petit pin, un maigre bouquet d'arbrisseaux, font saillie. – Tout cela vit, mais péniblement, avec effort, dans une teinte grise uniforme. De loin en loin seulement, un plant de jeune pin d'un vert tendre rit dans la bordure noirâtre.

Vers Carnac, tous les champs se hérissent de barrières de pierres ; à cet effet, les monuments celtiques ont été dévastés ; on estime qu'il a péri deux mille menhirs, il en reste onze ou douze cents. Nous en visitons les deux plus grandes files, l'une surtout qui s'avance jusqu'en vue de la mer, énormément longue, cinq rangs de pierres alignées de l'orient à l'occident, espacées, debout, beaucoup d'entre elles renversées, les plus grandes hautes de dix pieds ; toutes, simples, rochers non taillés, plantées en terre par un de leurs bouts. – En soi, le spectacle n'a rien d'intéressant ; les blocs de Fontainebleau sont bien plus vastes et leurs traînées sont d'un effet bien autrement grandiose. Mais, comme signe historique, ces pierres frappent beaucoup. Il fallait un âge bien barbare pour qu'on se contentât d'un pareil temple. Est-ce une œuvre de l'âge de pierre, antérieure à la connaissance des métaux ? Est-ce une œuvre de ces druides qui, vivant dans les bois et n'ayant pas de temple couvert, ont voulu, sur cette plage sans arbres, imiter les files de leurs forêts et consacrer de vagues intuitions géométriques ? En tout cas, ces blocs ont été remués par des bras nus de sauvages et des rouleaux. Il y a eu là des assemblées de guerriers, des sacrifices d'hommes ; et la bruyère, les ajoncs, le coin bleu de la mer à l'horizon sont les mêmes qu'alors.

Au sommet de la colline, quelques maisons se sont juchées entre les plus hauts blocs ; leurs lignes droites marquent les limites des jardins. Une maison a enserré sa cour entre quatre de ces blocs gigantesques ; des légumes y poussent ; des champs de millet les bordent de leurs panaches pâles et tombants ; les poules y grimpent. – Là, l'effet est frappant ; un bout de culture et de civilisation régulière, soignée, fait comprendre le lointain de cette barbarie. Impossible de concevoir un monument plus voisin de la nature : sauf la régularité et l'orientation des files, ce temple est une moraine. Un *téménos* grec, un *templum* primitif, étrusque ou romain, était-il autre chose ?

Sur la côte et plus avant dans les terres, quelques grands dolmens ; c'est un cercle de pierres brutes dressées, sur lequel une autre pierre plate énorme, brute aussi, a été posée en guise de

Les alignements *du Ménec, l'un des sites les plus importants de Carnac. Long de 1 200 m, il compte 1 099 menhirs.*

couvercle ; elle ne pose que par trois ou quatre endroits. On n'imagine pas une invention plus primitive : il y a des accidents semblables dans les éboulements de rochers. On entre dans cette caverne plus bas, parfois par une longue rigole ; les Papous, les Vitiens pourraient prendre un pareil endroit pour autel. Étaient-ce des tombeaux ? On nous montre dans une maison voisine un collier d'or, un *torques* gaulois, qu'on y a trouvé. Peut-être dans le fond, sur le corps, égorgeait-on des prisonniers, des esclaves ? En tout cas, les bras qui ont remué ces masses étaient aussi vigoureux que grossiers. Quelques-uns de ces dolmens sont sur la cime de la côte, en vue de la mer. Y avait-il une croyance attachée au voisinage du soleil couchant et de la mer infinie, l'espérance d'une résurrection ? Les druides croyaient à l'âme immortelle, aux renaissances futures. – Il faudrait étudier ce point, savoir si vraiment ces monuments sont gaulois. Peut-être datent-ils de la première apparition des Gaulois, de l'époque du jade. On ne peut s'empêcher d'effacer d'un trait toute notre culture, de penser aux temps où l'espèce humaine a vagué dans les bois, parente des aurochs et élans qui ont disparu.

Hippolyte Taine, *Carnets de voyage. Notes sur la province* 1863-1865, Paris, Hachette, 1897.

Messe à Vannes

Hippolyte Taine, 1828-1893

Taine ne nous précise pas dans quelle église de Vannes se déroule la messe à laquelle il assiste. Est-ce la cathédrale Saint-Pierre, édifiée en 1020 par les Normands, puis reconstruite au XIIIe siècle et remaniée du XVe au XVIIIe siècle, ou l'église Saint-Patern, dédiée au premier évêque connu de Vannes ? L'église Saint-Patern est l'une des étapes du Tro Breizh, *tour de Bretagne, ou pèlerinage des sept saints, qui reliait entre eux les premiers évêchés bretons : saint Patern à Vannes, saint Corentin à Quimper, saint Pol de Léon, saint Tugdual à Tréguier, saint Brieuc, saint Malo, saint Samson à Dol.*

Messe à Vannes. – L'église regorge : les hommes à l'entrée sont à deux genoux sur la pierre, roulant les grains de leur chapelet et marmottant, le regard terne, immobiles comme des corps figés en qui flotte un rêve. Sous le porche, un vieux pauvre, goutteux, courbé, enfoncé dans une sorte de chaise, ses longs cheveux gris pendant dans son cou, récite attentivement les yeux fermés, perdu dans sa contemplation, et ses doigts déroulent les grains, pendant que l'autre main tâte le Jésus de cuivre. – Une vieille, accroupie le long de la paroi de pierre, demi-tordue, égrène son chapelet en grignotant son pain avec des dents de sorcière. – Un aveugle s'est fait conduire dans l'intérieur et là, sentant bien le parvis saint, à genoux le corps droit, marmotte aspirant la sainteté qui l'environne. – Femmes, filles, hommes défilent devant le bénitier, se signant avec un sérieux profond. Pas un minois éveillé, sauf dans les dames de la ville ; pas un geste déluré ; ils marchent, se signent et s'agenouillent avec une gravité et une simplicité hiératiques. Deux ou trois mignonnettes jeunes filles, avec leur teint de camélia pâlissant sous le blanc âpre de leur bonnet, avec leurs yeux étonnés et silencieusement passionnés, avec leur puissante vie rêveuse intérieure qui transpire à travers la frêle enveloppe, vous arrêtent stupéfait et troublé. La vierge primitive et la femme moderne, l'extrême de l'innocence et de la sensibilité, quel attrait et quel contraste ! Il y a

***Jeunes mariés** de l'église Saint-Patern arborant le costume traditionnel du pays de Vannes.*

des teints et des attaches de duchesses à boudoirs et des yeux d'enfant ou de brebis.

Pour les hommes, veste noire, pantalon noir et énorme chapeau noir. – L'effet est d'une gravité funèbre. Quelquefois les coins du gilet sont rouges et le pantalon est la braie rayée bleue et brune des anciens Gaulois. Pas de cravate ; le grand col blanc à pointes monte dans les cheveux et les oreilles. Souvent les cheveux en longues mèches ou en toison tombent sur le col et les épaules.

Comme on sent la différence ! Nous sommes entrés dans une boutique de mercerie ; la jeune fille qui nous a servis est normande, positive et gaie, mais quelle vulgarité ! – « On ne danse jamais ici : les filles et les femmes croiraient se damner. Pas une ne manquerait à la messe le dimanche ; mais elles volent très bien ; nous sommes obligés d'avoir l'œil sur la boutique : elles ne voleraient pas d'argent, mais toute marchandise est de bonne prise. »

Hippolyte Taine, *Carnets de voyage. Notes sur la province* 1863-1865, Paris, Hachette, 1897.

***Noce bretonne** (en haut) dans le pays de Vannes. Les invités devaient payer leur écot pour le repas de noce, coutume qui perdure encore.*

***Lors des noces**, les cuisinières (en bas) offraient aux jeunes mariés des desserts traditionnels, dont le riz des noces bretonnes qu'elles faisaient cuire toute la matinée dans la cheminée ou dans le four du boulanger.*

Les courses de Guérande

Alphonse Daudet, 1840-1897

La Bretagne est une destination de prédilection dans la seconde moitié du XIXe siècle pour beaucoup d'écrivains qui, afin de retrouver une nouvelle énergie créatrice, sentent la nécessité d'échapper à « l'enfer parisien ». C'est le cas de Daudet mais aussi celui de Maupassant, Flaubert ou Mirbeau. En 1888, Daudet est à Guérande, petite cité médiévale qui, le jour des courses, sort de son silence rêveur.

Et d'abord, arrêtons-nous un peu dans cette charmante et rare petite ville de Guérande, si pittoresque avec ses anciens remparts flanqués de grosses tours et ses fossés remplis d'eau verte. Entre les vieilles pierres, les véroniques sauvages fleurissent en gros bouquets, des lierres s'accrochent, des glycines serpentent, et des jardins en terrasse suspendent au bord des créneaux des massifs de roses et de clématites croulantes. Dès que vous vous engouffrez sous la poterne basse et ronde où les grelots des chevaux de poste sonnent joyeusement, vous entrez dans un nouveau pays, dans une époque vieille de cinq cents ans. Ce sont des portes cintrées, ogivales, d'antiques maisons irrégulières dont les derniers étages surplombent les plus bas, avec des lignes dans la pierre, des ornements frustes et rongés. Dans certaines ruelles silencieuses s'élèvent de vieux manoirs aux hautes fenêtres éclairées de vitres étroites. Les portes seigneuriales sont fermées, mais entre leurs ais disjoints on aperçoit le perron envahi de verdure, des touffes d'hortensias à l'entrée, et la cour pleine d'herbe, où quelque puits effrité, quelque débris de chapelle met encore un amas de pierres et de vertes floraisons. Car c'est là le caractère de Guérande, une ruine coquette et toute fleurie.

Parfois, au-dessus d'un marteau usé et vénérable, l'enseigne d'un bureau de poste, des panonceaux d'huissier ou de notaire s'étalent bourgeoisement ; mais, le plus souvent, ces

***La porte Saint-Michel** et ses deux tours font partie des remparts qui ont été reconstruits au XVe siècle et qui ceinturent la ville de Guérande.*

anciennes demeures ont gardé leur cachet aristocratique, et, en cherchant bien, on retrouverait quelques grands noms de Bretagne enfouis dans le silence de ce petit coin, qui est à lui seul tout un passé. Un silence rêveur habite là, en effet. Il rôde autour de cette église du XIVe siècle, où des marchandes de fruits abritent leurs éventaires et tricotent sans parler. Il plane sur ces promenades désertes, ces fossés d'eau dormante, ces rues calmes que traverse de temps en temps une pastoure conduisant sa vache, pieds nus, le corsage serré d'une corde et la coiffe de Jeanne d'Arc.

Le jour des courses, par exemple, l'aspect de la ville est tout différent. C'est un va-et-vient de voitures amenant des baigneurs et des baigneuses du Croizic, du Pouliguen. Des charrettes chargées de paysans, de grands carrosses antiques qui ont l'air de sortir d'un conte de fées, des carrioles de louage où se juche une vieille douairière des environs entre sa chambrière en coiffe et son page en sabots. Tout cela est arrivé le matin pour l'heure de la grand-messe. Le son des cloches tombe dans les rues étroites, mêlé aux coups de ciseaux des barbiers ; et l'église pleine fait la ville déserte pour deux heures. À midi, au premier coup de l'*Angélus*, les portes s'ouvrent et la foule envahit la petite place, aux psalmodies des mendiants groupés sous le porche et dont les voix éclatent en même temps. C'est une mélopée bizarre sur toutes sortes de chants d'église : litanies, *Credo, Pater noster* ; un étalage de plaies, d'infirmités, une léproserie du Moyen Âge. La foule contribue à cette illusion d'archaïsme : les femmes ont des coiffes blanches terminées en pointe avec un bourrelet de broderies au-dessus des bandeaux plats, et des barbes flottantes ou de longs bavolets tuyautés

Si le marais salant *guérandais n'a jamais été des plus productifs, il connaît aujourd'hui une seconde jeunesse grâce à d'anciens paludiers (ouvriers travaillant dans les marais salants) qui ont formé une nouvelle génération.*

***Piriac-sur-Mer**, sur la presqu'île de Guérande. Ce village a séduit Alphonse Daudet mais aussi Émile Zola, Gustave Flaubert et Frédéric Chopin.*

***Le Pouliguen** était et reste un port de pêche, même s'il est devenu le port de plaisance de La Baule.*

Vue aérienne de Guérande. *Au centre, la collégiale Saint-Aubin (XIIe-XVIIe siècle), qui comporte un magnifique porche sud de style flamboyant, ainsi qu'une belle façade côté ouest.*

pour les pêcheuses et les saunières, des jupes plissées à gros plis, des guimpes rondes autour du cou. Les hommes ont deux costumes bien différents ; les métayers portent la veste courte, le col montant et un foulard de couleur posé en jabot qui les crête en coqs de village. Les *paludiers* sont vêtus de l'ancien costume guérandais, la longue blouse descendant jusqu'à mi-jambe, les braies blanches aussi, serrées de jarretières au-dessus du genou et le tricorne noir orné de chenilles de couleur et de boucles d'acier. Ce chapeau se place sur la tête de différentes façons. Les gens mariés le portent « en bataille » comme les gendarmes ; les veufs, les garçons en tournent les pointes d'autre manière. Tout ce monde s'éparpille dans les vieilles rues et se réunit une heure après au champ de courses, à un kilomètre de la ville, dans une plaine immense que domine l'horizon.

Des tribunes, le coup d'œil est merveilleux. La mer, au fond, toute verte, semée d'écume blanche ; plus près, les clochers du Croizic, du bourg de Batz, et les salines qui brillent et mou-

tonnent au soleil dans les coupures luisantes des marais. La foule arrive de tous côtés à travers champs. Les béguins blancs apparaissent au-dessus des haies ; les gars s'avancent par bandes, bras dessus bras dessous, en chantant de leurs voix rauques. L'allure, la chanson, tout est naïf, primitif, presque sauvage. Sans nul souci des messieurs en chapeau qui regardent, les femmes qui passent devant nous, le fichu de moire croisé sur leurs guimpes, ont la tenue réservée et pas la moindre affectation coquette. On est venu pour voir, dame oui ! mais non point pour se faire voir… En attendant les courses, tout ce peuple se presse derrière les tribunes, autour des grandes baraques où l'on vend du vin et du cidre, où l'on frit des gaufres et des saucisses en plein soleil. Enfin, la fanfare guérandaise qui arrive, entourée de nouvelles bandes bruyantes et chantantes, interrompt pour un moment les beuveries. Chacun court se placer pour le spectacle ; et dans ce débordement de gens qui s'éparpillent autour du champ de courses, sur le bord des fossés et des sillons moissonnés, la longue blouse blanche des paludiers, qui les grandit, les fait ressembler de loin à des dominicains ou à des prémontrés. D'ailleurs tout ce côté de la Bretagne vous donne un peu l'impression d'un grand couvent. Le travail lui-même y est silencieux. Pour arriver à Guérande, nous avons traversé des villages muets malgré la grande activité de la moisson, et partout sur notre passage, les batteuses, les fléaux s'agitaient en mesure, sans la moindre excitation de chants ou de paroles. Aujourd'hui, cependant, les gaufres, le cidre et les saucisses ont délié la langue des gars, et tout le long de la piste il se fait un joyeux vacarme.

Alphonse Daudet, « Les courses de Guérande », in *Souvenirs d'un homme de lettres*, Paris, Flammarion, 1888.

Dans ce repas de fiançailles, *les hommes portent le chapeau breton et les femmes arborent bavolets tuyautés et béguins blancs, ces coiffes décrites dans le texte d'Alphonse Daudet.*

Les marais de la Brière

Alphonse de Châteaubriant, 1877-1951

La Brière *obtint le grand prix de l'Académie française en 1923. Aoustin, le héros de cet âpre roman, nommé garde, est chargé de surveiller l'activité de « tourbage » et d'en faire respecter la réglementation. La tourbe était autrefois soit utilisée par les Briérons pour se chauffer à bon marché, soit destinée à la vente. L'extraction de cette matière combustible était pratiquée de façon intensive, au risque d'en épuiser le gisement.*

Il avait ici à surveiller un peu, et il entra dans les roseaux. C'était une année de grandes tiges, des tiges à près de deux fois sa hauteur, et il aimait à se glisser là-dedans.

On n'en voit plus la fin, de ces chalumeaux, ils suivent les coulines[1], bordent les piardes[2], forment des fourrés et des passes où file d'un trait le martin-pêcheur. Verts ou dorés, selon la saison, ils ont pris racine dans le monde renversé des nuages. Il y en a beaucoup de penchés, qui semblent dormir. Inanimés, ils flottent comme des ombres entre le ciel et l'eau. Mais, à la première brise, c'est comme une voix, un murmure, qui passe, s'éloigne et meurt. Là se pressent les lotus blancs, les paquets de verdure des nénuphars, où, d'un jet d'argent vif, saute et se glisse le poisson… Ce n'est qu'une fleur, le bateau nage dans un bouquet. Il ouvre cette matière grasse, en y laissant son sillage d'encre. Et lui, l'homme, erre en silence sur cette eau froide, la tête remplie de rêves obscurs, indémêlables reflets de la boue maternelle, fleurs de son sang, submergées dans son âme comme les nénuphars retenus dans les profondeurs. Le fil de sa pensée mène son léger bateau. La planche se meut et vire à toutes les phases de ce songe. Ils ne font qu'un depuis des temps infinis, allant vers le nord, vers le sud, éternels pèlerins de ces solitudes.

Aoustin se trouvait là entre le coupis[3] du Grand-Pas et la butte du Tropique. De cet endroit, la capitale de son royaume, nul mouvement ne lui échappait, et il s'y tenait pendant des heures, comme l'araignée au cœur de sa toile.

***Dans les marais de la Brière**, on utilisait jadis les services du passeur pour se rendre au marché ou à la foire.*

***La Grande Brière**, entre Breca et Saint-Lyphard. Véritable labyrinthe de canaux et d'étangs, où alternent roselières et prairies inondables, la Grande Brière est, avec ses 40 000 ha, le deuxième marais de France, après la Camargue.*

1. Voies d'eau naturelles.

2. Zones d'extraction de la tourbe.

3. Plan d'eau peu profond.

***Le tourbage** a disparu dans les années 1950. Des associations ont relancé quelques journées d'extraction lors de manifestations afin de sauvegarder cette tradition.*

Ce matin, sur la mince ligne des prairies, rien de suspect ne se montrait : une voile traversait le coupis Olive, transportant de la litière sous Fédrun ; et quant à ce piquet sur la rive du pas de l'Acheronne, ce n'était qu'une faux plantée là par un de ses voisins du quartier de l'Étage.

Alors il prit sa foène[1] et se mit, comme il disait, à son compte, un moment. Les dents de son outil n'étaient pas plus au règlement qu'il ne fallait, mais il n'en avait cure. Et çà et là, quêtant la bonne eau, il se mit à donner à pleine force des coups de son redoutable trident.

Il cherchait à piquer l'anguille. Mais il n'y en avait pas plus que d'oies rouges. Par ces temps de calme, elle se love dans ses garennes de fonds de vase ; et il ne ramenait que des lianes…

Il passait d'une eau propre où ricochait le saut des ablettes, en d'affreux mafrages où le bateau avait grand-peine à se tirer des herbes. Des bergeronnettes dansaient leur petit bal ; des sauterelles partaient d'un bond sur leurs ailes de papillons bleus ; un noir tronc de mortas[2] sortait de l'eau son mufle noir, comme un hippopotame. Cet endroit, dans les rouches, les chandelles-de-loup, les iris, c'était la vraie forêt aquatique, et Aoustin y était, comme le brochet, maître de l'étang. Dans un de ces défilés, il vit des petites bulles qui se dégageaient d'une chevelure d'herbes de morons, signe qu'une carpe se tenait là-dessous. Il jeta sa cage, en se gardant bien de la retirer, comme font tant d'autres, qui, en se hâtant, ont pris tout de suite une pissée d'eau. La carpe qui a un peu vécu sait qu'elle n'échappera qu'en faisant la morte. Dès que l'engin tombe, elle se tasse et ne bouge. Mais Aoustin s'était fait un moyen de se rendre maître de la rusée : il introduisait entre les mailles un pied de roseau et touillait jusqu'à ce qu'elle eût fait son mouvement. Il s'y prit de la sorte et retira de sa cage ruisselante une belle pièce dorée, barbue, de plus de six livres, qu'il enferma satisfait dans son boettereau[3], sous une poignée de verdure.

Et il s'en alla. Il lui fallait gagner les villages ; il reprit le chemin des curées. Dans la joie de

1. Trident ou fourche de fer à branches pointues et barbelées dont on se sert pour la pêche.

2. Tronc fossilisé.

3. Récipient pour conserver les appâts.

son cœur reverdi, il ne se rassasiait pas de se ressentir au milieu de sa Brière, et son regard ne faisait qu'un tour de par le grand cercle où il allait, se berçant de la musique à deux trous de roseau que lui jouait continuellement l'eau ramenée par sa perche.

Il longea la butte aux Pierres, le centre du marais, toujours voilée dans la suée blanche de ses vapeurs, l'endroit où les alouettes de mer cachent leurs œufs, où des moutons ont été emportés par les aigles, où Lucas la Palette se bâtit une masure pour faire pièce aux malins esprits. C'était là qu'au printemps on amenait les génisses, afin qu'ayant tondu le vert sans vertu des hauteurs, elles se rabattent sur les bords, parmi l'herbe creuse des tonnelles et les jeunes roseaux si tendres en avril.

Il traversa de grands coupis d'eau frissonnante où, chemin faisant, il repêchait plus d'un souvenir au filet de sa mémoire.

Là, bien souvent, dans ces parages, il était venu avec son défunt père, duquel il tenait qu'à la place de cette grande inondation, se poursuivait autrefois toute une série de buttes, tous rudes morceaux où le rocau se prenait à pleines tranches, et qui s'en étaient allés jusqu'aux dernières racines. En ce temps-là, les Briérons tourbaient sans répit, en masses, à charretées, ne laissaient aux poussières le temps de se déposer, accumulaient les récoltes plus haut que leurs maisons, les laissaient vieillir comme on fait pour le vin. À ce métier, la Brière baissait, se décharnait, la misérable. Cette lèpre la venait ronger jusque dans ses chéraux jusque dans ses chemins de servitude. Et le vieux disait alors : « Tu vois bien, mon fils, c'est la dernière tétine de la vache qui s'en va. »

Il ne s'était pas trompé. Aoustin lui-même avait eu le temps de voir disparaître la butte aux Taurins, la butte à l'Angélus. Partout elle se creusait ; et même, parfois à un an d'intervalle, il lui arrivait, avec sa perche, de ne plus reconnaître les fonds.

À ce souvenir s'en rattachait un autre : celui du roulement de tambour, qui s'était fait entendre un dimanche matin de l'année 18** sur la

***Chaumière** du village de Kerhinet, où a été ouvert un musée consacré à cet habitat. Il reste 3 000 chaumières en Brière. Ces demeures sont de faible hauteur, les murs épais sont montés en pierre et en terre, et les ouvertures, peu nombreuses, sont exposées au sud.*

***La Chaussée Neuve**, port de Saint-André-des-Eaux. La roselière de Brière tente de survivre, employant toujours des méthodes artisanales : les roseaux, coupés et rassemblés en bottes, sont ensuite transportés en barque.*

place de chacune des dix-sept communes. C'était le gouvernement qui, ayant pris des mesures, battait le rappel. Dans le but de protéger les habitants contre leur propre imprévoyance, il réglementait la coupe de la motte ; sous la menace de diverses pénalités, l'interdisait en dehors d'une durée de quinze jours, à fixer selon les convenances de l'année. Encore établissait-il un impôt par mètre cube de tourbe extraite.

Cette ingérence, qui venait insulter aux plus antiques coutumes, avait soulevé chez ses compatriotes un transport de rage. Ils ne tinrent pas compte de la loi et continuèrent à tourber. Un garde fut alors envoyé, avec charge à lui de veiller à l'exécution des articles. Il ne lui fut pas cherché chicane : on le tua. Et certes, de pieuses mains ne le clouèrent pas dans une belle châsse vernie, il fut jeté aux vermines de la vase. Le gouvernement dépêcha un second garde, que la Brière happa de la même façon. Un troisième eut le même sort. Le quatrième, ç'avait été lui, Aoustin.

Consulté, sur son bon vouloir, par le département des Eaux et Forêts, il avait tout de suite répondu que s'il s'agissait de prendre cette direction, il n'arriverait jamais à chausser ses souliers. Mais ses compagnons s'étaient efforcés de vaincre ses répugnances. Si l'on continuait, disaient-ils, les rapports avec ces oiseaux-là, le

Autrefois, les Bretonnes
fumaient la pipe… comme les hommes.

sang recommencerait à couler, cela ne finirait jamais. Mieux valait se donner l'air de tomber dans le filet, et accepter le contrat avec un homme de leur espèce, un Briéron qui se mettrait d'entente avec eux.

Cette raison l'avait ébranlé. Bien que l'un des plus acharnés dans la révolte, il n'en voyait pas moins que la Brière commençait sérieusement à se montrer, comme font les vieux bas, avec plus de trous que de mailles ! À coup sûr, il gardait sa chaude part de haine au pouvoir qui leur venait dicter sa loi ; mais la mesure en elle-même avait du bon, elle permettrait peut-être au pays de se reformer. À la faire appliquer, il n'obligerait pas l'État, il rendrait service à la Brière, sa patronne. Cette idée lui éclaira le moral, et il prêta serment. Il y avait de cela quarante ans.

Cependant, une fois nommé garde, les choses ne se passèrent pas tout à fait comme les autres se l'étaient promis : il faisait son métier. Hors le temps prescrit, il ne laissait pas la tranche et le salet trotter à leur volonté. Alors tout le peuple cria haro ! Des orages s'amoncelèrent sur sa maison ; on lui jeta sa trahison à la face ; on le menaça d'un coup de fusil.

Alphonse de Châteaubriant, *la Brière*, Paris, Bernard Grasset, 1923.

VIEUX GRÉEMENTS ET FORMULES 1

« Naviguer est une activité qui ne convient pas aux imposteurs. Dans bien des professions, on peut faire illusion et bluffer en toute impunité. En bateau, on sait ou on ne sait pas. »

Éric Tabarly, *Mémoires du large*, Paris, De Fallois, 1997.

Cet été 2006, il y avait du beau monde dans le port du Rosmeur, à Douarnenez. La *Belle Poule* de la Marine nationale côtoyait la *Recouvrance*, goélette-aviso de quarante-deux mètres, reconstruite à Brest selon le modèle original du XIXe siècle. De Saint-Malo était venu le fameux *Renard*, copie du cotre du corsaire Surcouf. Plus modestes, le *Corentin*, lougre de Quimper, et la *Cancalaise*, bisquine de Cancale, n'en attiraient pas moins les regards des milliers de visiteurs venus célébrer les vingt ans des Fêtes maritimes de Douarnenez.

Ce port, où s'amarraient jadis des centaines de chaloupes sardinières, fut dans les années 1970 le grand centre de la reconquête d'un patrimoine maritime qui menaçait de sombrer dans l'anonymat des cales sèches, voire des vasières. Ici, l'on sut fédérer les fous de la mer pour identifier épaves et vieilles coques, rassembler les documents d'époque et faire renaître enfin ces bateaux qu'on n'appelait pas encore « vieux gréements ». La contribution du *Chasse-Marée*, revue d'histoire et d'ethnologie maritime unique en son genre, fut précieuse.

Les charpentiers de marine et les maîtres voiliers ont repris du service. Des grands voiliers des découvreurs, des corsaires, de la Royale et du grand commerce aux très locaux sinagots, bateaux non pointés à voiles rectangulaires, les vieux gréements ont recommencé à flotter sur les eaux bretonnes. De Brest à Concarneau, en passant bien sûr par Douarnenez, les fêtes se sont multipliées, rassemblant des centaines de bateaux traditionnels venus du monde entier.

L'engouement pour les lignes rustiques et les matières nobles des vieux gréements n'empêche pas la passion pour les coques en nids d'abeilles et carbone profilées, et les voiles en polyester. Chaque mois de mars, la foule est là aussi pour le départ de la régate ouvrant la saison de compétition à La Trinité-sur-Mer. Elle vient encourager ses héros modernes à

DE LA MER

Saint-Malo, à Brest, à Perros-Guirrec, au départ de la Route du rhum, du Tour du monde en solitaire et de la course du Figaro. Bien des voiliers alignés dans ces courses ont bénéficié du savoir-faire des constructeurs, accastilleurs et voileries installés en Bretagne ; quelques-uns des meilleurs sont établis dans la zone artisanale de La Trinité-sur-Mer, capitale européenne de la course au large. Les voiles du concurrent français de la coupe de l'America 2007 sont sorties des ordinateurs et des tables de coupe au laser d'une voilerie de réputation internationale basée à Vannes. Comme dans l'automobile, la technologie des formules 1 de la mer trouve des applications dans le « monde profane ». La voile de plaisance prospère en Bretagne depuis qu'en 1964, un jeune officier de marine breton, Éric Tabarly, remporta la fameuse Transat. Les derniers voiliers de pêche désarmaient alors. Aujourd'hui, le passé et le futur cohabitent sur la côte bretonne, réunis par un même amour de la mer.

Des voiliers *taillés pour la course par gros temps (ci-contre) régatent en mer.*

***Le* Statsraad Lehmkuhl,** *(en haut, à droite), construit en Allemagne en 1914, est aujourd'hui le plus ancien trois-mâts carré. Il a été racheté par les Norvégiens et transformé en bateau de croisière, mais on le voit souvent au départ de courses de vieux gréements.*

***Le* Sant C'Hireg** *(en bas, à droite), une réplique d'un sloup langoustier de Camaret des années 1920, perpétue lui aussi la tradition des vieux gréements.*

Petit dictionnaire biographique des auteurs

Bertall (Charles Albert d'Arnoux, dit)
1820-1882

Né à Paris, Bertall, dessinateur et caricaturiste, illustre notamment l'œuvre de Balzac, qui, d'ailleurs, lui suggère son pseudonyme, anagramme approximative d'Albert. Il dessine pour de nombreux périodiques et la Bibliothèque rose, et écrit aussi des textes, dont *les Plages de France*.

François René de Chateaubriand
1768-1848

Né le 4 septembre 1768 à Saint-Malo, François René de Chateaubriand passe ses premières années à Plancoët (Côtes-d'Armor), puis au château de Combourg. Il fait ses études aux collèges de Dol, Rennes et Dinan. Il évoque son enfance bretonne au début de ses *Mémoires d'outre-tombe*, témoignage épique de son époque. Précurseur du romantisme, Chateaubriand demeure le plus célèbre des écrivains bretons de langue française.

Alphonse de Châteaubriant
1877-1951

Né le 22 mars 1877 au manoir de La Prévalaye, aux portes de Rennes, Alphonse de Châteaubriant vit en Vendée jusqu'à la Seconde Guerre mondiale. Il obtient, en 1911, le prix Goncourt pour son premier livre *Monsieur des Lourdines* et, en 1923, le grand prix de l'Académie française pour *la Brière*. Condamné à mort par contumace en 1945 pour son engagement en faveur du national-socialisme allemand, il termine ses jours en Autriche, où il s'est réfugié.

Chrétien de Troyes
XIIe siècle

Né en Champagne, Chrétien de Troyes propose dans son œuvre, abondante et variée, une vaste fresque de la société médiévale et de ses idéaux. Il reste fidèle aux conventions du roman courtois, histoires d'amour et d'aventures dont le fantastique et le merveilleux sont empruntés à la légende bretonne du roi Arthur, notamment dans *Lancelot ou le Chevalier à la charrette* et *Perceval ou le Conte du Graal*.

Tristan Corbière (Édouard Joachim Corbière, dit)
1845-1875

Né le 18 juillet au domaine de Coat-Congar, près de Morlaix, et fils d'un capitaine au long cours lui-même écrivain, Tristan Corbière fait ses études à Saint-Brieuc puis à Nantes, mais doit les interrompre pour raison de santé. Après une période d'errance, il s'installe à Roscoff. En 1873, il publie à compte d'auteur, sous le pseudonyme de Tristan Corbière, *les Amours jaunes*, recueil de poèmes imprégnés de Bretagne, passé inaperçu sauf aux yeux de Verlaine, qui considère son auteur comme l'un des « poètes maudits » au même titre que Rimbaud, Mallarmé et Villiers de L'Isle-Adam.

Alphonse Daudet
1840-1897

Né le 13 mai 1840 à Nîmes, Alphonse Daudet est d'abord journaliste au *Figaro*. Il consacre ensuite sa vie à la littérature et rencontre le succès avec son roman autobiographique, *le Petit Chose*. Il publie plusieurs ouvrages imprégnés de sa Provence natale, *les Lettres de mon moulin*, *Tartarin de Tarascon*, ainsi que des romans de mœurs dont *Jack*, *le Nabab* et *Numa Roumestan*.

Étienne Du Laurens de la Barre
1819-1881

Né en 1819 à Quimperlé, Du Laurens de la Barre est d'abord élève au collège de cette ville avant de rejoindre le lycée de Rennes. Il fait ensuite des études de droit et devient juge de paix. Pendant ses vacances, il s'intéresse aux contes et légendes que se transmettent les habitants de la région de Commana, où son grand-père possède une propriété, le manoir du Bois de la Roche, non loin de la montagne Saint-Michel. Il publie les contes et légendes recueillis dans plusieurs volumes : *les Veillées de l'Armor*, *Sous le chaume*, *les Fantômes bretons*, *Nouveaux Fantômes bretons*.

Paul Henry Corentin Féval
1816-1887

Né le 27 septembre 1816 à Rennes, Paul Féval est un auteur prolifique de romans populaires : plus de 200 romans, dont les plus connus restent *le Bossu*, *les Habits noirs* et *le Loup blanc*. Beaucoup d'entre eux sont imprégnés de la culture populaire bretonne qu'il a connu dans son enfance, tels *Châteaupauvre*, *la Fée des grèves* ou *la Première Aventure de Corentin Quimper*.

Gustave Flaubert
1821-1880

Né le 12 décembre 1821 à Croisset, Flaubert a vingt-six ans lorsque, en compagnie de son ami Maxime Du Camp, il voyage en Bretagne. Ce voyage, longuement préparé par l'accumulation d'une abondante documentation sur les antiquités celtiques et sur la rivalité, au XIVe siècle, entre la maison de Penthièvre et le duc de Montfort, donne lieu au récit *Par les champs et les grèves*, publié en 1885.

MICHEL HÉRUBEL
1927-2003

Romancier et historien, Michel Hérubel, Normand issu d'une vieille famille havraise, est l'auteur d'une trentaine d'ouvrages. Aimant la mer et son univers, il a campé plusieurs de ses romans dans cette Bretagne qu'il connaît bien : *Tempête sur Ouessant*, *le Démon des brumes*. En 1995, il a reçu le grand prix Henri Queffélec pour *la Maison Gelder*.

VICTOR HUGO
1802-1885

Né le 26 février 1802 à Besançon, « d'un sang breton et lorrain à la fois », sa mère étant nantaise d'origine, Hugo fait de courts voyages en Bretagne. Il a déjà publié *Hernani*, *Notre-Dame de Paris*, *Lucrèce Borgia* et *Marie Tudor* lorsqu'il quitte Paris, en 1834, pour rejoindre Juliette Drouet, sa maîtresse, réfugiée chez sa sœur à Saint-Renan, près de Brest, après une violente dispute. En 1835 et 1836, Hugo parcourt à nouveau la Bretagne en compagnie de Juliette.

PIERRE JAKEZ HÉLIAS
1914-1995

Né le 17 février 1914 à Pouldreuzic, dans la baie d'Audierne, de parents ouvriers agricoles de langue bretonne, Pierre Jakez Hélias fait ses études à Quimper et à Rennes. Il est professeur agrégé de lettres à l'École normale de Quimper jusqu'en 1975, puis chargé de cours de celtique à l'université de Bretagne occidentale. En 1948, il cofonde le Festival de Cornouailles, et en 1954, il est à la tête de la Commission nationale Folklore à la Ligue de l'enseignement. En 1975, il publie *le Cheval d'orgueil*, qui rencontre un succès phénoménal.

ANATOLE LE BRAZ (JEAN-FRANÇOIS LEBRAS, DIT)
1859-1926

Né le 2 avril 1859 à Saint-Servais (Côtes-d'Armor), Anatole Le Braz, fils d'instituteur, est lui-même professeur aux lycées d'Étampes et de Quimper, puis à l'université de Rennes. En août 1898, il devient président de l'Union régionaliste bretonne, créée à Morlaix à la suite de fêtes bretonnes. À Quimper, il collecte avec François-Marie Luzel, auprès des paysans et des marins, des chansons, des contes et des légendes populaires. Il laisse une œuvre abondante dans laquelle il a tenté de restituer l'« âme armoricaine ».

CHARLES LE QUINTREC
Né en 1926

Né le 14 mars 1926 à Plescop (Morbihan) dans une famille d'agriculteurs, Charles Le Quintrec fait ses études à Vannes. Il s'installe à Paris, devient journaliste à *la Bretagne à Paris*, puis à *Ouest-France*, dont il dirige la page littéraire. Il publie des poésies, des romans, dont *les Chemins de Kergrist*, *Chanticoq*, *l'Empire des fougères*, ainsi que des anthologies de littérature et de poésie bretonne. De nombreux prix ont couronné son œuvre, en particulier le grand prix de l'Académie française, en 1978.

PIERRE LOTI (JULIEN VIAUD, DIT)
1850-1923

Né le 14 janvier 1850 à Rochefort, Pierre Loti est élève de l'École navale, puis officier de marine. Il passe sa vie à voyager et à raconter ses voyages. Son amour de la mer et de son frère, médecin de marine disparu prématurément, lui inspire plusieurs romans, dont *Mon frère Yves* et *Pêcheur d'Islande*.

FRANÇOIS-MARIE LUZEL
1821-1895

Né le 6 juin 1821 au manoir de Kéramborgen, près de Plouaret, François-Marie Luzel fait ses études à Rennes puis à Brest. Journaliste à *l'Avenir de Morlaix*, puis juge de paix à Daoulas, il est aussi chargé de mission par le ministre de l'Instruction publique pour la recherche de vieux textes littéraires de Basse-Bretagne. Il réussit à collecter un énorme corpus de chants, contes, légendes et pièces de théâtre et peut en faire la matière de nombreux ouvrages, dont *Chants et chansons populaires de la Basse-Bretagne* et *Veillées bretonnes*.

GUY DE MAUPASSANT
1850-1893

Né le 5 août 1850 au château de Miromesnil (Seine-Maritime), Guy de Maupassant, employé dans plusieurs ministères, écrit des nouvelles et des romans. Il connaît le succès avec *Boule de suif* et commence à voyager. Après la Corse, l'Afrique du Nord, il parcourt en 1882 la Bretagne, terre qu'il considère comme « la nourrice des légendes ».

PROSPER MÉRIMÉE
1803-1870

Né le 27 septembre 1803 à Paris, Prosper Mérimée a déjà publié *le Théâtre de Clara Gazul* et de nombreuses nouvelles, réunies notamment dans le recueil *Mosaïque* (1833), quand il est nommé inspecteur des Monuments historiques en 1834. Il dresse alors un premier état de la France monumentale. Après le Midi, il parcourt l'Ouest et est en Bretagne en août 1835. De ce dernier périple, il rédige ses *Notes d'un voyage dans l'ouest de la France*.

Jules Michelet
1798-1874
Né le 21 août 1798 à Hyères, Jules Michelet, d'abord professeur d'histoire au collège Sainte-Barbe à Paris, puis maître de conférences au Collège de France, est un véritable penseur de l'Histoire. L'ampleur de son inspiration, son style poétique et visionnaire donnent à son œuvre un puissant souffle lyrique, comme en témoigne notamment son incontournable *Histoire de France*.

Octave Mirbeau
1850-1917
Né le 16 février 1850 à Trévières, Octave Mirbeau pratique tous les métiers: pêcheur en Bretagne (il a fait ses études secondaires à Vannes), sous-préfet à Saint-Girons, journaliste. Il revient très souvent en Bretagne pour échapper à la vie parisienne et écrire. Plusieurs de ses romans et nouvelles ont d'ailleurs pour cadre la Bretagne.

Henri Pollès
1909-1994
Né le 13 juillet 1909 à Tréguier dans une famille parlant couramment le breton, Henri Pollès fait ses études à Nantes puis à Paris. Il renonce très vite à enseigner la philosophie pour se consacrer à l'écriture. Publié en 1932, son premier roman, *Sophie de Tréguier*, est aussitôt un grand succès qui lui vaut le Prix populiste. En 1982, il reçoit le prix Paul Morand de l'Académie française et le grand prix du Roman des écrivains de l'Ouest pour un autre roman d'inspiration bretonne, *Sur le fleuve de sang vient parfois un beau navire. Tréguier 14-18*.

Henri Queffélec
1910-1992
Né le 29 janvier 1910 à Brest, Henri Queffélec, agrégé de lettres, renonce très vite à l'enseignement pour se consacrer à la littérature et aux voyages. Paru en 1944, *Un recteur de l'île de Sein* le fait connaître au grand public. Il publie près de quatre-vingts livres, dont de nombreux romans qui se situent en Bretagne et qui sont consacrés à la mer. En 1985, le grand prix de l'Académie française lui est décerné pour l'ensemble de son œuvre.

Ernest Renan
1823-1892
Né le 28 février 1823 à Tréguier, Ernest Renan fait ses études de séminariste mais renonce au sacerdoce. Il obtient l'agrégation de philosophie et apprend l'hébreu, qu'il enseignera au Collège de France. La publication de *la Vie de Jésus* (1863), qui se veut la biographie historique d'« un homme incomparable », niant par là même la divinité du Christ, déclenche une vaste polémique dans les milieux catholiques. Il raconte son enfance bretonne dans *Souvenirs d'enfance et de jeunesse* (1883).

Yves-Marie Rudel (René Mémoret, dit)
1907-1984
Né le 1er octobre 1907 à Étréchy près d'Étampes, Yves-Marie Rudel, fils de parents bretons, entre comme journaliste à *l'Ouest-Éclair*, devenu à la Libération *Ouest-France*. Il y tient la chronique littéraire et publie en 1950 un *Panorama de la littérature bretonne*. Ses romans ont pour cadre la Bretagne et mettent en scène des personnages typiques comme les goémoniers, les marchands d'oignons à Roscoff ou encore les bardes.

Stendhal (Henri Beyle, dit)
1783-1842
Né le 23 janvier 1783 à Grenoble, Stendhal est un passionné de l'Italie et occupe le poste de consul à Trieste. De retour en France, il voyage en Bretagne, en Normandie, en Avignon... Publiés en 1838, huit ans après *le Rouge et le Noir* et un an avant *la Chartreuse de Parme*, les *Mémoires d'un touriste* sont le récit de ses pérégrinations.

Hippolyte Taine
1828-1893
Né le 21 avril 1828 à Vouziers, dans les Ardennes, Hippolyte Taine renonce à l'enseignement de la philosophie pour entrer à *la Revue des deux mondes*. Il est ensuite examinateur d'admission à l'École de Saint-Cyr. Pendant ses tournées, il écrit ses *Carnets de voyage*. Ses œuvres historiques et philosophiques sont empreintes de ses vues déterministes. Pour lui, l'art et la littérature sont des fonctions naturelles de l'homme, et ils revêtent diverses formes selon les influences géographiques, la race, le moment et le milieu où est produite l'œuvre.

Roger Vercel (Roger Crétin, dit)
1894-1957
Né le 8 janvier 1894 à Dinan, Roger Vercel enseigne dans le secondaire à Dinan et produit une œuvre littéraire abondante largement inspirée par sa passion pour le monde maritime, notamment *Au large d'Éden* ou *Remorques*. Mais son expérience de la Première Guerre mondiale lui fait publier *Capitaine Conan*, qui obtient le prix Goncourt en 1934 et qui est porté à l'écran par Bertrand Tavernier en 1996.

Crédits photographiques

Couverture g : Hémis.fr/J. B. Rabouan ; couverture d : Guillaume Plisson ; 6-7 : Guillaume Plisson ; 10-11 : Andia.fr/Boëlle ; 15 : Andia.fr/Sandford ; 17d : Andia.fr/Boëlle ; 19 : Andia.fr/Boëlle ; 20b : Andia.fr/Rozé ; 20-21 : Andia.fr/Bigot ; 22-23 : Photononstop/A. Le Bot ; 24h : Philip Plisson ; 26h : Philip Plisson ; 27 : Andia.fr/Bigot ; 28-29 : Photononstop/F. Le Divenah ; 30 : Hémis.fr/B. Gardel ; 34b : Andia.fr/Bigot ; 35 : Guillaume Plisson ; 36 : Hémis.fr/J. Frumm ; 36-37 : Hémis.fr/Wysocki ; 38-39 : Andia.fr/Castelli ; 39h : AKG Images/J. Da Cunha ; 39b : AKG Images ; 40-41 : Hémis.fr/B. Rieger ; 44 : AKG Images ; 45 : Leemage/Heritage Image ; 46 : Andia.fr/Sandford ; 47 : Andia.fr/Sandford ; 48-49 : Hémis.fr/J. B. Rabouan ; 50-51 : Hémis.fr/B. Rieger ; 51 : Leemage/Delius ; 52h : Hémis.fr/B. Barbier ; 52-53 : Andia.fr/Sandford ; 55d : Photononstop/G. Biollay ; 57 : Andia.fr/Sandford ; 58h : Andia.fr/Sandford ; 60-61 : Philip Plisson ; 62 : Hémis.fr/B. Rieger ; 64-65 : Andia.fr/Sandford ; 68 : Photononstop/F. Le Divenah ; 69 : AKG Images ; 70 : Hémis.fr/S. Torrione ; 71 : Philip Plisson ; 72-73 : Andia.fr/Le Gal ; 74 : Photononstop/F. Le Divenah ; 76-77 : Andia.fr/Bertemin ; 77h : Hémis.fr/C. Heeb ; 77b : Hémis.fr/B. Gardel ; 78-79 : Philip Plisson ; 82-83 : Andia.fr/Godard ; 85 : Andia.fr/Delangue ; 87 : Leemage/Selva ; 89 : Philip Plisson ; 90 : Leemage/Selva ; 93 : Hémis.fr/Wysocki-Frances ; 94-95 : Photononstop/F. Le Divenah ; 95h : Hémis.fr/C. Heeb ; 95b : Philip Plisson ; 96 : Photononstop/F. Le Divenah ; 99 : Philippe Fournier-Bourdier ; 100-101 : Philip Plisson ; 103 : Photononstop/B. Merle ; 105 : Andia.fr/Blondel ; 106-107 : Philip Plisson ; 106b : Leemage/Costa ; 108-109 : Philip Plisson ; 112-113 : Philip Plisson ; 114-115 : Guillaume Plisson ; 116 : Photononstop/C. Moirenc ; 117 : Philip Plisson ; 118-119 : Philip Plisson ; 120h : Guillaume Plisson ; 120b : Photononstop/F. Le Divenah ;120-121 : Philip Plisson ; 122 : Photononstop/C. Moirenc ; 122-123 : Philip Plisson ; 127 : Photononstop/H. Higuchi ; 128-129 : Philip Plisson ; 131h : Andia.fr/Boëlle ; 132-133 : Guillaume Plisson (reprise couverture) ; 133h : Philip Plisson ; 133b : Philip Plisson ; 135 : Philip Plisson ; 136-137 : Philip Plisson ; 138-139 : Andia.fr/Le Gal ; 140-141 : Philip Plisson ; 142-143 : Hémis.fr/H. Hugues ; 144/145 : Photononstop/C. Moirenc ; 148-149 : Philip Plisson ; 150-151 : Hémis.fr/B. Rieger ; 151b : AKG Images ; 152-153 : Philip Plisson ; 154-155 : Photononstop/F. Le Divenah ; 156 : Hémis.fr/F. Guiziou ; 158-159 : Photononstop/H. Gyssels ; 160g : Philip Plisson ; 160-161 : Philip Plisson ; 162-163 : Philip Plisson ; 165 : Hémis.fr/F. Guiziou ; 166-167 : Guillaume Plisson ; 168 : Hémis.fr/F. Guiziou ; 171 : Hémis.fr/B. Rieger ; 172h : Hémis.fr/F. Giuziou ; 175 : Photononstop/H. Gyssels ; 177h : Hémis.fr/M. Colin ; 178 : Hémis.fr/S. Frances ; 181 : Photononstop/A. Le Bot ; 182 : Photononstop/A. Le Bot ; 183 : Photononstop/F. Le Divenah ; 184-185 : Photononstop/A. Le Bot ; 186-187 : Guillaume Plisson ; 187h : Philip Plisson ; 187b : Guillaume Plisson.

Nous remercions Monsieur Patrick Prins pour sa collaboration et le prêt de la plupart des cartes postales reproduites dans le livre. Les autres cartes postales proviennent du CITIC et de collections particulières.

Achevé d'imprimer : juin 2008
Dépôt légal en France : août 2007
Dépôt légal en Belgique : D-2007-0621-98
Imprimé en Chine
Printed in China